초등 완성 영어 글쓰기 로드맵

중고등 내신을 위해 초등에서 반드시 준비해야 할

초등 완성
영어 글쓰기
로드맵

장소미(릴리쌤) 지음

빅피시
BIG FISH

우리 아이도
영어 글쓰기 잘할 수 있습니다

아이가 어릴 때는 많이 듣고 읽기만 하면 되는 줄 알았는데, 주변을 돌아보니 어느새 다른 아이들은 영어로 말을 하고 글도 잘 쓰는 것 같습니다. 인풋이 중요하다고 해서 영어책과 영상 노출에 겨우 힘쓰고 있는데, 아웃풋도 끌어줘야 한다고 하네요. 그래서 이제 도저히 안 되겠다, 엄마표로 한계가 왔구나, 해서 영어 학원에 보내려고 하는데 글쓰기 테스트를 통과해야 한다고 하니 난감해집니다. 다른 영역들은 어떻게든 정보를 찾아서 나름대로 노력을 해보겠는데, 영어 글쓰기는 도저히 못 하겠다는 것입니다.

영어 글쓰기를 언제 시작해서 어떻게 지도해야 할까요?

영어 글쓰기 실력을 잘 키워주려면, 지금부터 무엇을 해야 할까요?

사실 이 질문의 답은 아이마다 모두 다릅니다. 아이의 현재 영어 실력, 성향 그리고 학부모님의 가치관까지 모두 고려한다면 말입니다. 시작 지점도 속도도 방법도 모두 조금씩 다를 수밖에 없어요. 많은 아이를 만나는 저도 새로운 학생을 만나면 그 아이에게 맞추어가는 시간과 노력이 필요하고 그 과정에서 시행착오들이 분명 있습니다.

그러나 영어 글쓰기 훈련의 전체적인 방향과 큰 흐름은 정해져 있습니다. 이 책에서는 이러한 로드맵을 크게 그려보고, 단계별로 목표를 갖고, 어떤 부분을 어떻게 학습해야 할지 구체적으로 짚어보려 합니다. 당장 실천해볼 수 있는 엄마표 학습 방법뿐 아니라 영어 학원에서 영어 글쓰기를 배울 때 어떤 부분들을 잘 점검해야 하는지 자세히 다루었습니다. 그리고 중학교 서술형 평가와 수행평가에 대해서도 살펴보겠습니다.

주변에 영어 교육을 오랫동안 전문적으로 해오신 선생님들이 결혼하고 아이를 낳아 기르는 모습을 보면, 영어 교육에 있어 불안함과 조급함이 훨씬 덜한 경향이 있습니다. 스스로 영어를 잘하기 때문에, 나중에라도 본인이 잘 가르칠 수 있다는 믿음 때문일까 생각해본 적이 있습니다. 그런데 오히려 자녀들을 직접 가르치는 분은 별로 없습니다. 자세히 이야기를 나누어보면, 그분들의 공통점은 영어 교육에 대한 큰 그림을 갖고 있다는 것이었습니다. 큰 그림 없이 그때그때 좋다는 것을 무작정 따라 하다 보면, 다음 방향이 제대로 그려지지 않습니다. 그러다 보면 모든 것이 불안해집니다. 그러나 큰 틀에서 영어 교육을 바라보면, 비록 같은 것을 하더라도 이것이 의미하는 바를 알고 천천히 즐겁게 해야 할 것에 집중할 수 있습니다.

영어 글쓰기에서도 마찬가지입니다. 일반적으로 글쓰기는 언어 학습에서 가장 마지막에 발달되고 완성되는 영역입니다. 그래서 영어 글쓰기를 배우는 아이들도 지도해야 하는 학부모님이나 선생님들도 가장 어렵게 느끼는 것이 너무나 당연합니다. 그래서 이 책을 통해 영어 글쓰기를 위한 큰 그림을 같이 그려보고자 합니다. 그리고 큰 그림 속에서 단계별로 당장 활용할 수 있는 여러 가지 교재나 자료, 방법들을 상세하게 안내해드릴 것입니다.

그러나 책에서 소개하는 모든 것을 다 하려고 하지 않으셔도 됩니다. 우리 아이에게 맞는 단계에서 참고해서 시도해볼 수 있는 것을 해보고, 아이에게 잘 맞으면 그대로 발전시켜가면 됩니다. 시도해보았는데 잘 안된다면 조금 더 기다려주거나 다른 방법으로 천천히 해보는 것이 좋습니다. 우리의 인생도 그렇듯, 선택과 집중이 중요합니다.

"많이 듣고 읽으면 저절로 말하고 쓰기가 터진다고 하는데, 정말 그럴까요?"

이런 질문을 많이 받습니다. 저의 대답은 이렇습니다. 그런 친구들도 만났고, 그렇지 않은 친구들도 보았습니다. 아직 아웃풋이 나올 만한 임계치에 도달하지 않아서일 수도 있고, 언어적 감각이 달라서일 수도 있습니다. 눈에 보이는 것이 비슷해 보여도 사실 원인은 다양합니다. 하지만 한 가지 확실한 것은 많이 듣고 읽는 것이 잘 쓰는 것의 기본 바탕이 된다는 것입니다.

시작 단계에서는 영어를 많이 들으면서 소리 언어에 친숙해지는 것과 많이 읽으면서 문자 언어에 조금씩 익숙해지는 것이 중요합니다. 영어의 시작 단계에 해당하는 초등 영어에서는 듣기와 읽기가 가장 중요하다는 것을 꼭 기억해주세요. 그러나 이러한 인풋의 과정에서 조금만 더 세심함을 발휘하면 영어 글쓰기를 위한 힘도 길러갈 수 있습니다. 그리고 이러한 힘이 충분히 키워지면, 자기 생각을 담은 영어 글쓰기를 본격적으로 시작할 수 있게 됩니다.

자녀의 영어 글쓰기 지도를 고민하시는 학부모님들께 이 책이 실질적이고 구체적으로 도움이 되는 지침서가 되었으면 좋겠습니다.

릴리쌤 장소미

차례

Chapter 1.
영어 글쓰기, 이제 진짜 중요하다

Chapter 2.
영어 글쓰기 준비, ① 알파벳 쓰기

목표: 대문자와 소문자 알파벳을 익히고 쓸 수 있다.

Chapter 3.
영어 글쓰기 준비, ② 단어 쓰기

목표: 초등 수준의 영어 단어를 외우고 쓸 수 있다.

Chapter 4.
영어 글쓰기 시작, 문장 쓰기

목표: 기초 영어 문장을 스스로 만들어 쓸 수 있다.

Chapter 5.
영어 글쓰기 도전, 일기 쓰기

목표: 5줄 이내 영어 일기를 쓸 수 있다.

Chapter 6.
영어 글쓰기 실전, 에세이 쓰기

목표: 에세이의 기본 구조를 이해하고 도전할 수 있다.

CHAPTER 1.

영어 글쓰기,
이제 진짜 중요하다

1

영어 글쓰기를
포기하는 아이들

중고등학생을 지도했던 경험이 초등학생 수업에 많은 도움이 됩니다. 중고등학교 생활에 대해 잘 알고 있을 뿐만 아니라, 상위 학교로 진학한 아이들이 어렵고 힘들게 느끼는 것이 무엇인지 가까이서 지켜봤기 때문이죠. 중고등학생을 지도하며 초등학교 때 이런 걸 조금만 시도해봤더라면 지금 공부가 훨씬 수월했을 텐데 하는 아쉬움을 많이 느꼈습니다. 대표적으로 영어 글쓰기가 그렇습니다.

중2 동빈이의 첫 중간고사 영어 점수는 58점이었어요. 30점은 서술형 평가, 70점은 객관식 평가인 시험에서 서술형 평가를 모두 포기한 탓이었습니다. 수업도 열심히 듣고, 숙제도 성실히 해 오는 학생이라 늘 대견했지만, 노력하는 만큼 결과를 얻지 못해 속상해하는 모습이 참 안타까웠어요. 사실 지필고사에 나오는 서술형 평가는 그리 어려운 수준도 아니었거든요. 하지만 영어로 써본 경험이 거의 없었던 동빈이는 영어 쓰기에 막연한 두려움을 갖고 있었어요. 시도하려는 엄두를 내지 못했죠.

이런 동빈이에게 저는 답이 완벽하지 않아도 부분 점수를 받을 수 있으니 서술형을 공부해보자고 설득했어요. 문장을 제대로 써본 적이 없어서 기본적인 문장 만들기에 꽤 긴 시간이 걸렸지만, 다음 기말고사에서 동빈이는 서술형 평가 30점 중 10점을 받을 수 있었어요. 어떻게 보면 작은 점수이지만 포기했던 아이는 생각보다 큰 성취감을 느꼈고 이후 공부에 좋은 동기가 되었지요. 어려운 문제만 보면 제대로 읽어보지 않고 바로 포기했던 아이가 도전해보겠다고 문제를 읽고 생각해보는 태도를 갖추게 되었습니다. 다음 시험 때는 80점 이상 받을 거라고 말하는 자신감과 목표 의식 또한 생겼습니다.

중2 지민이는 내신대비 수업 외에도 고2 수준의 수능대비 수업을 듣던 상위권 학생이었어요. 고2 모의고사 기준으로 1등급이 나올 정도로 영어 공부도 열심히 해온 친구였지요. 그런 지민이가 수업이 끝난 후 늦은 시간까지 휴게실에 멍하니 앉아 있었어요. 궁금해서 가봤더니 영어 수행평가 준비 기간인데 너무 어려워서 못 하겠다면서 도와달라고 했습니다.

살펴보니 수업 시간에 배운 문법과 표현을 활용해서 '올바른 SNS

사용법을 홍보하는 캠페인' 문안을 작성하는 것이었어요. 학교 선생님께서 관련 자료도 나눠 주셨고, 수업 시간에 토의도 했고, 과제 안내문을 보니 자세하게 설명도 되어 있었어요. 사실 지민이는 이 정도는 충분히 할 수 있을 정도의 영어 실력인데, 영어 글쓰기 경험이 없었구나 하는 생각이 들었습니다.

우선 구글에서 관련 자료 찾는 법을 알려주고 그것을 참고해서 아이디어를 먼저 얻어보라고 이야기해주었습니다. 그런 다음 수업 시간에 배운 표현들을 어떻게 최대한 자연스럽게 넣어서 문장을 만들지 고민해보라고 했지요. 처음에는 전혀 감을 잡지 못했지만, 글을 만드는 기본적인 구조와 문장 예시를 들어주니 혼자서 해볼 수 있겠다며 안도의 웃음을 지어 보였습니다.

듣기와 읽기 실력이 좋은, 즉 영어 점수가 높은 아이들도 영어로 생각을 표현하는 훈련이 필요합니다. 중학교 영어 수행평가에서 아주 높은 수준을 요구하지는 않지만, 이 단계에서 영어 글쓰기에 대한 부담을 느껴버리면 영어로 쓰는 것에 대한 거부감이 커져 지레 포기하는 경우가 정말 많습니다. 하지만 아이의 현재 단계에서 필요한 부분을 조금씩 지도해주면, 대부분 아이는 마치 약속이나 한 것처럼 말합니다.

"제가 너무 겁을 먹었나 봐요."

"생각했던 것보다 어렵지 않아요."

"연습하면 잘 쓸 수 있을 것 같아요"

조금만 알려주면 빠르게 향상됩니다

고등학교 내신도 중학교와 같이 지필 평가와 수행평가가 있습니다. 지필 평가에서도 주관식 문항이 있으며, 수행평가에서도 서술형, 논술형 수업 활동을 통해 평가받습니다. 사실 학교의 평가는 대개 수업 시간에 열심히 참여하고 교과와 연계된 주제에 대해 조금만 깊이 생각해보면 충분히 해결할 수 있도록 설계됩니다. 성심껏 준비하고 작성하면 부분적으로 점수를 주는 등 형평성 차원에서도 큰 노력을 기울이지요. 터무니없이 어렵거나 배운 내용과 동떨어진 과제를 주는 것도 아닌데 아이들은 왜 이렇게 영어 글쓰기를 어려워할까요?

아이들은 어떤 주제에 대해 일정한 분량의 영어 글을 쓰는 데에 아직 익숙하지 않은 것입니다. 영어로 글을 써본 경험이 충분하지 않았고, 중학생이 되어서야 처음 시도하려니 생각보다 시간이 많이 부족한 것이죠. 학업량은 많아지고, 내신 관리에 입시 준비도 해야 하다 보니 지금껏 시도해보지 않았던 영어 글쓰기에 할애할 시간이 부족할 수밖에 없습니다.

초등학교에서 기본 문장 만드는 연습만 해두어도 중고등학교 공부가 많은 부분 수월해집니다. 학습량이 많아지는 중고등 공부에서 기본적인 영어 글쓰기 실력이 조금만 뒷받침되면 아이들은 더 자신감 있게 학업에 임할 수 있어요. 막연히 어렵게 생각하지만, 막상 아이들을 지도해보면 생각보다 즐겁게 쓰고, 또 빠르게 실력이 올라가는 것을 발견할 수 있어요. 더구나 요즘은 엄마표 영어를 통해 듣기와 읽기 노출량이 상당한 아이들이 많지요. 이런 아이들은 조금만 방법을 알려주면 더욱 빠르게 글쓰기 실력이 향상됩니다.

아직 늦지 않았습니다. 다행히 초등 저학년이라면 이 책에서 소개하는 단계를 처음부터 아이의 수준에 맞게 밟아나가시면 되고요, 초등 고학년이라면 학교 영어에 어느 정도 노출되었으므로 '4장. 문장 쓰기' 단계부터 해나가시면 됩니다. 그리 오랜 시간이 걸리지 않아요. 그리고 막상 해보면 생각보다 그렇게 어렵지 않다는 사실을 알게 되실 거예요.

입시제도에
영어 글쓰기가 반영되는 이유

중학교에 가면 영어 글쓰기 실력이 서술형 수행평가로 바로 성적에 반영된다고 하니, 초등 고학년 부모님들의 마음이 초조해집니다. 자칫 영어 글쓰기에 신경을 못 썼다가 중학교 가서 뒤처지지 않을까 걱정됩니다.

그런데 왜 중학교에서는 영어 글쓰기 실력을 평가하는 걸까요?
왜 영어 글쓰기가 점점 중요해지는 걸까요?

특목고 입시를 준비하는 중3 윤형이는 학교 영어 시험에서 한 번도 100점을 놓쳐본 적이 없었어요. 한 문제쯤 실수로 틀릴 법도 한데, 영어 교과서를 수십 번씩 쓰고 외우며 얼마나 꼼꼼하게 공부하는지 100점을 맞을 수밖에 없겠구나 싶었죠. 시중에 나와 있는 내신대비 문제집을 다 풀고도 모자라 따로 문제를 만들어달라고 할 정도였습니다. 그런 윤형이가 국제고 진학을 준비하고 싶다고 특목고 대비 수업을 신청했어요.

특목고 준비반에서는 주로 논술과 면접, 즉 글쓰기와 말하기를 훈련합니다. 영어 시간에는 영어로 된 지문을 읽고 자기 생각을 간단히 쓰고 말하도록 하는데, 어쩐 일인지 윤형이가 단 한 글자도 써내지 못했어요. 나중에 왜 백지로 냈는지 물어보니 주어진 문제는 쉽게 잘 풀수 있는데, 글을 쓰고 말을 하는 것은 도저히 어려워서 못 하겠다고 했습니다.

수능으로 대학에 가는 선택지도 있지만, 재학생들은 학생부 종합전형을 통해 진학하는 예도 많지요. 정시나 수시 중 어느 한쪽을 미리 포기한다면 입시의 선택지가 상당히 줄어들 수밖에 없습니다. 윤형이의 경우 눈앞의 특목고 입시뿐 아니라 나중에 대학 입시에서도 자기 생각을 말과 글로 표현하는 능력은 반드시 갖춰야 할 부분이었어요. 상위권으로 갈수록 작은 점수 차이로 입시의 성패가 갈리곤 하지요. 그래서 지금부터라도 조금씩 영어 글쓰기를 연습해보기로 했어요. 당장 눈앞에 있었던 특목고 선발에서는 떨어졌지만, 후에 학생부 종합전형을 통해 가고 싶어 했던 서울 상위권 대학교에 합격했습니다. 영어 글쓰기를 통해 생각을 정리하고 표현하는 훈련을 꾸준히 한 덕에 실제 논술과 면접에서 많은 도움이 되었다고 기쁘고 뿌듯한 마음을 전해주었어요.

이처럼 영어 글쓰기는 아이들의 내신 성적과 진학을 위해 당장 필요하기도 하지만, 근본적으로는 세상이 급격한 변화를 겪고 있기 때문에 필요합니다. 주로 4차 산업혁명이라고 거론되지만, 제 주변에서 실제 일어나고 있는 현실적인 이야기를 해볼게요.

우리 아이들이 살아갈 세상

친한 동생이 200대 1의 경쟁률을 뚫어야 하는 회사에 합격했습니다. 200명 중에 1등이라니 정말 자랑스럽고 대단하다고 축하해줬습니다. 그런데 몇 년이 지나 연락이 왔어요. 너무 불안하고 회의감을 느낀다고 합니다. 누구보다 성실하게 열심히 일해왔는데, 물가대비 월급이 잘 오르지 않고, 그렇다고 회사를 나가서는 스스로 할 수 있는 일이 없는 것 같아 속상하다고 합니다. 곰곰이 생각해보면 내가 200:1을 뚫고 들어간 자리에는 내가 없어도 199명이 그 자리를 언제든 다시 채울 수 있다는 의미입니다. 설상가상으로 먹지도 쉬지도 않고 24시간 365일 빠르게 똑똑하게 무엇보다 너무나 저렴하게 일할 수 있는 인공지능 직원들이 만들어지고 있습니다.

이제 우리 아이들은 쉽게 대체될 수 없는 인재가 되어야 하는 세상에 살고 있어요. 누구나 원하고 선망하는 직업을 좇지 말고 나만의 직업을 창조할 수 있어야 합니다. 모두가 똑같은 것을 똑같이 배우고 똑같이 생각하고 똑같이 행동하면 더 열심히 살고도 더 빠듯하고 더 힘들어질 수도 있다는 뜻입니다. 부모님들과 조금만 깊이 있게 대화를 나눠보면, 아이들의 교육에 열을 올리는 이유는 같습니다. 우리 아이가 너무 고되게 살지 않았으면 하는 바람입니다.

결국, 나다움을 찾고 나의 것을 창조할 수 있는 뇌가 경쟁력입니다. 이러한 힘을 기르기 위해서는 어릴 때부터 많은 것을 보고 듣고 생각하고 표현하는 훈련을 해야 합니다. 영어 교육의 관점에서는 모두가 같은 정답을 찾는 문제 풀이를 넘어 자기 고유의 생각을 표현할 수 있는 글쓰기의 영역이 경쟁력입니다.

대한민국의 교육은 이러한 거대한 변화에 맞는 인재를 양성해야 합니다. 사실 우리나라뿐 아니라 전 세계적으로도 그렇습니다. 세상을 비판적으로 바라보고, 창의적으로 사고하며, 세상에 유용한 무언가를 만들어낼 수 있는 인재들을 길러내기 위한 교육을 해야 하는 것입니다. 교육계의 화두가 되는 고교학점제, 논술형, 서술형 수능이 이러한 변화의 맥락에서 나왔습니다. 영어 교육에서도 이러한 흐름이 반영되어 서술형 평가, 말하기나 쓰기 수행평가의 비중이 커지는 것으로 생각할 수 있습니다.

3

학원에서도 영어 글쓰기 실력이 늘지 않는 이유

엄마표 영어를 하는 많은 부모님은 이야기합니다.

"듣기, 읽기(인풋)는 어떻게 엄마표로 되겠는데, 말하기, 쓰기(아웃풋)는 학원을 보내야 하지 않나요?"

전 솔직하게 대답합니다. 아무래도 영어 학원은 영어를 전문적으로 가르치는 기관이기 때문에 분명 도움이 됩니다. 하지만 시작부터 일정 단계까지는 엄마도 영어 글쓰기를 지도할 수 있습니다. 그러한 방법을 이 책을 통해 안내하고자 합니다. 영어 학원에 보낸다 하더라도 아이가 제대로 된 방법으로 배우고 과제를 하고 성장하는지 신경을 쓰고 지켜봐야 합니다.

저는 영어 학원에서 아이들이 성장하는 모습도 많이 보았고, 한편으로는 오랫동안 꾸준히 다닌 친구들의 글쓰기 실력이 전혀 늘지 않는 경우도 보았습니다. 실력이 늘지 않는 친구들은 영어 글쓰기에 자신감을 잃고, 좋지 않은 감정이 생기고, 그러다 보니 수업 시간에든 숙제든 성실히 하지 않습니다. 악순환을 반복하게 되는 것이죠.

왜 그럴까 의문을 가졌고 어떻게 하면 이 고리를 끊을 수 있을까 관찰하고 고민했습니다.

원인 1. 문장을 만들어본 경험이 부족하다

초등 3학년 민우는 영어 학원에서 높은 레벨의 반에서 공부합니다. 민우를 처음 맡고 나서 영어 에세이 숙제를 전달받아서 보는데 정말 깜짝 놀랐습니다. 같은 반 친구들은 200자 글쓰기도 어려워하는데, 한눈에 봐도 500자가 넘는 장문의 글을 써 왔습니다. 내용 또한 완벽했고 어디에서도 문법적인 실수조차 찾아볼 수 없었습니다. 어쩜 이렇게 완벽하게 글을 쓸 수 있을까 했는데, 아버지가 유명 대학 영문과 교수님이라고 합니다. 그래도 설마 어린 자녀의 숙제를 다 써 주진 않았을 텐데 하고 내심 아이 만나기를 기대하고 있었어요. 그리고 아이의 진짜 실력을 확인해보아야겠다 싶어서, 일부러 자리를 맨 앞으로 지정해주었어요.

그런데 너무 놀랍고 안타깝게도 아주 간단한 문장조차 쓰지 못하는 것입니다. 민우의 모습을 멀리서 유심히 지켜보았습니다. 민우는 옆에 앉은 친구가 어떻게 쓰나 힐끗힐끗 보면서 틀린 문장을 똑같이 베껴 쓰고 있었습니다. 알고 보니 민우는 실제 실력보다 너무 높은 수준의 수업을 따라가기가 버거웠던 것입니다. 오랫동안 한 반에서 공부해온 친구들에게 부끄럽지 않았으면 해서, 아이를 따로 불렀습니다. 주어와 동사에 대해 간략하게 설명해주고 아주 간단한 문장을 여러 개 만들어볼 수 있도록 했어요.

주어	동사	뜻
I	eat	나는 먹는다.
You	sleep	너는 잔다.
We	study	우리는 공부한다.
He	reads	그는 읽는다.

애써 의식해야 하는 친구들 없이 저와 단둘이서 자신의 수준에 맞는 내용으로 공부하니까, 아이의 모습이 훨씬 편안하고 표정이 밝아졌습니다. 기본적인 문장도 잘 못 쓰는데, 글을 술술 잘 쓰는 것처럼 행동해야 했던 아이의 상황과 마음이 짠하게 느껴졌습니다.

사실 이 과정에서 가장 어려웠던 것은 아이의 영어 실력에 대한 기대치가 매우 높았던 부모님과의 소통이었습니다. 부모님은 오랫동안 아이가 마음먹고 글을 쓰면 혼자서도 충분히 잘 쓸 것으로 생각해온 것입니다. 그래서 지금 단계에서 영어 에세이가 아니라 기초 영작문을 조금 더 차근차근 공부해야 할 것 같다는 말을 쉽게 받아들이지 못했어요. 그래도 결국 아이의 상황을 인정했습니다. 하지만 수업 레벨을 낮추지 않고 대신 집에서 영작 연습을 더 해 오기로 했습니다.

사실 영어 학원에서 한 반에 10명 정도의 아이들이 있으면, 자신의 실제 레벨과 전혀 맞지 않는 영어 글쓰기를 하는 아이들이 평균적으로 2~3명 정도 있습니다. 그럼 레벨에 맞게 영어 글쓰기 반을 편성하면 되지 않나 싶지만, 생각보다 간단하지 않아요. 예를 들어, 어떤 아이가 다른 영역은 비교적 잘하는데 라이팅 실력만 부족한 경우, 더 낮은 레벨의 반으로 보낼 수가 없습니다. 앞의 민우 사례처럼 혹시나 아이가 자신감이 많이 떨어지거나 자존심이 상할까 봐 걱정되어 쉽사리 결정을 내리지 못하는 때도 있습니다. 또한, 부모님은 글쓰기 과정보다는 결과물로만 아이의 현재 실력을 추측합니다. 그러다 보니 아이들이 짧고 간단한 글쓰기 연습을 충분히 거치지 못한 채 긴 글쓰기 위주의 수업을 따라가야 하는 상황도 생깁니다.

간단하고 쉬운 문장부터 스스로 만드는 연습을 충분히 해야 합니다. 그리고 아이가 영어 학원에서 라이팅을 공부하고 있다면, 선생님의 도움 없이 스스로 어느 정도 수준의 문장을 쓸 수 있는지, 레벨이 적절한지 점검해보면 좋습니다. 만약 현재 레벨이 너무 높거나 낮다고 느껴진다면, 아이가 글을 쓰는 과정을 지켜보는 선생님께 도움을 요청해보세요. 아이가 글을 쓸 때, 현재 레벨에 맞는 글쓰기를 잘 따라가고

있는지 솔직하게 이야기해주시면 도움이 될 것 같다고 정중하게 부탁
드려도 됩니다.

원인2. 생각하는 훈련이 부족하다

• Topic: Luna is a shy friend. She has difficulty making
new friends. How can you help her make good friends?

• 주제: 루나는 부끄러움이 많은 친구입니다. 그녀는 새로운 친구
를 만드는 데에 어려움이 있습니다. 어떻게 루나가 친한 친구들을 잘
사귈 수 있게 도와줄 수 있을까요?

이 주제를 두고 영어 레벨이 같은 5학년 학생들이 글을 썼습니다.

(1번 학생)

To. Luna

Hi, Luna. I am Iris.

You not friends? Me to not friends!

but, You and I'm friend.

Your and I make one friend.

You want make friend?

루나에게/ 루나야, 안녕. 나는 아이리스야./ 너 친구가 없니? 나도
친구가 없어./ 그렇지만 너와 나는 친구야./ 너와 내가 친구가 될 수 있
어./ 너 친구 사귀고 싶니?

(2번 학생)

My idea is she open the party.

I have the reasons.

First, many students like party.

In addition, she buy beutiful cloth.

Second, many students make friends in party.

"Hello my name is lemon. I am alone in school. So I
want friends for you."

Last, many student like dance and music.

So she plactice dance and sing, and go to student's house and she say "Hello my name is lemon, Can we will go to party tomalow? And we are dance!"

In the end, she make a 23 friends. and they watch movie and they play soccer.

내 생각은 그녀가 파티를 여는 것입니다./ 여러 가지 이유가 있습니다./ 첫째, 많은 학생은 파티를 좋아합니다./ 그리고 그녀는 아름다운 옷을 살 수 있습니다./ 둘째, 많은 학생은 파티에서 친구를 사귑니다./ "안녕, 내 이름은 레몬이야. 나는 학교에서 혼자야. 나는 너와 친구가 되고 싶어."/ 마지막으로, 많은 학생은 춤과 노래를 좋아합니다./ 그녀는 춤과 노래를 연습해서 친구들의 집에 가서 말할 수 있습니다. "안녕, 내 이름은 레몬이야. 우리 내일 파티 갈래? 우리 함께 춤추자."/ 결국, 그녀는 23명의 친구를 만들어서 영화를 보고 축구를 합니다.

[학생의 의도에 맞게 일부 변형하여 번역하였습니다]

이 두 학생의 글을 비교해보면, 영어 실력에도 조금 차이가 있지만, 더욱 눈에 띄는 차이는 주제를 보고 떠올린 아이디어들과 그것을 배열한 논리성입니다.

1번 학생은 평소에 말수가 적고 매우 조용한 성향을 지녔어요. 물어보면 대답을 하지만 항상 수줍게 부끄러워하는 여학생이에요. 어머니에게 여쭤보니 특별히 집에서 책을 많이 읽지는 않는다고 합니다. 부모님과의 대화도 일상적으로 꼭 필요한 이야기만 이따금 하는 정도라고 했습니다.

반면, 2번 학생은 평소에도 손을 잘 들고 발표를 많이 하는 재미있는 남학생입니다. 평소 독서를 아주 많이 하는 편은 아니지만, 매사에 호기심이 많고 질문이 많은 편이었죠. 남자아이인데도 학교나 학원에서 일어나는 일, 신기한 것, 배웠던 것에 대해 부모님과 자주 이야기를 나누고 친구들에게 알려주는 것을 좋아합니다.

이렇듯 영어 글쓰기를 보면 영어 실력뿐 아니라 아이의 생각 그리고 성향과 평소의 작은 습관들까지 묻어납니다. 아무래도 외향적이고 말하기 좋아하는 친구들은 생각을 표현할 기회를 더 많이 얻습니다. 그래서 글을 쓸 때도 아이디어가 많고 참신한 생각들이 나오는 경우가 많아요.

그렇다고 내향적인 친구들이 글쓰기 실력이 무조건 좋지 않다는 의미는 아닙니다. 수줍음이 많더라도 책을 많이 읽어서 자연스럽게 어휘와 표현이 습득된 경우, 꼭 말이 아니라도 일기 쓰기와 같이 글로 생각을 표현하는 훈련을 해온 친구들도 있어요. 또한, 질문을 통해 아이디어를 끌어내면 차분하게 글을 구성해서 잘 써 내려갑니다.

결국, 아이들이 많이 듣고 보고 읽고, 그것을 짧은 대화를 통해서라도 표현해볼 수 있게 도와주는 것이 매우 중요하다는 것을 알 수 있습니다. 자기 생각을 꺼내볼 기회를 가능하면 많이 가져야 합니다. 아이가 영어 글쓰기를 학원에서 배우고 있다면, 어떤 내용을 썼는지 읽어 보거나 아이에게 멋진 글일 것 같아 궁금한데 간단하게 이야기해줄 수 있냐고 물어보세요. 그리고 꼭 영어가 아니더라도 학교생활이나 일상 적인 가벼운 주제부터 학습 내용까지 아이와 짧게 대화를 시도해보세 요. 먼저 질문하고, 주의 깊게 들어주면서 재밌다는 반응이나 진심 어린 칭찬을 아끼지 않고 해주면 좋습니다.

영어 글쓰기의 핵심은
경험

제가 지도했던 초등학생 4학년 아이들이 하나의 주제로 쓴 두 편의 글의 일부입니다. 한 명은 높은 점수를 받았고, 다른 한 명은 높은 점수를 받지 못했어요.

• Topic: Some people think that it is better to travel with a tour guide. Others think that it is better to travel without one. What is your opinion?

- 주제: 어떤 사람들은 여행 전문 가이드와 함께 여행하는 것이 더 낫다고 생각합니다. 다른 사람들은 여행 전문 가이드 없이 여행하는 것이 더 낫다고 생각합니다. 당신의 생각은 어떻습니까?

(1번 학생 글의 일부)

I like to travel with a tour guide.

Because, tour guides see important things and we are safe.

…

When we are lost way, tour guide find way.

Therefore, I want to go travel with tour guide.

저는 여행 전문 가이드와 함께 여행하는 것을 좋아합니다./ 여행 전문 가이드는 중요한 것을 보여주고 우리는 안전할 수 있기 때문입니다./ (…) 우리가 길을 잃었을 때 여행 전문 가이드는 길을 찾아줍니다./ 그러므로 저는 여행 전문 가이드와 함께 여행을 가고 싶습니다.

I don't agree to travel with a tour guide.

First, it's not tour guide and we are free.

For example, we can't move many time.

I was in Jeju with tour guide, it was as scary as jail.

I only saw the city in bus. We ate together all time.

I like to eat with my family only.

…

For these reasons, I think good thing is travel without one.

저는 여행 전문 가이드와 함께 여행하는 것에 동의하지 않습니다./ 먼저, 가이드가 없으면 우리는 자유로울 수 있어요./ 예를 들어, (여행 전문 가이드가 있다면) 우리는 많이 돌아다닐 수 없습니다./ 저는 여행 가이드와 함께 제주도에 있었는데 감옥처럼 무서웠어요./ 저는 버스 안에서만 도시를 보았습니다. 우리는 항상 같이 밥을 먹었습니다./ 저는 가족끼리만 식사하는 것을 좋아합니다./ (…) 이러한 이유로 저는 여행 전문 가이드 없이 여행하는 것이 좋다고 생각합니다.

[학생의 의도에 맞게 일부 변형하여 번역하였습니다]

두 글을 읽고 나면, 어떤 글에 더 많은 점수를 주고 싶으신가요? 글쓰기를 평가하는 기준에는 여러 가지가 있어요. 일반적인 기준은 충분한 분량, 주제에 알맞은 내용, 글의 구성, 어휘, 문법이 있습니다.

영어 글쓰기 첨삭을 받으면 문법적으로 틀린 것을 고쳐주는 것에서 그치는 경우가 많아요. 물론 영어 글쓰기에 있어 올바른 문법을 사용하는 것도 중요한 부분이지만, 실제로 훨씬 더 중요한 부분은 바로 내용입니다.

주제에 연관된 내용을 잘 담았는가?

그 내용을 생생하고 재밌는 예시로 풍성하게 잘 표현하였는가?

중략하였지만, 두 글 모두 분량은 적절하게 채웠습니다. 글의 구성도 모두 일반적인 영어 에세이의 기준을 따랐으며, 어휘 수준도 크게 다르지 않습니다. 오히려 첫 번째 학생의 글에서 문법적인 실수는 더 적게 보입니다. 이러한 부분에서만 본다면, 1번 학생이 더 잘 썼다고 평가되어야 하지만, 실제로 2번 학생이 더 높은 점수를 받았습니다. 독자로서 읽기에도 어떠신가요? 결국, 글쓰기의 핵심은 경험입니다. 자신의 경험을 통한 생각이 잘 드러나는 글인지가 중요한 평가 요소가 되는 것이죠.

I was in Jeju with tour guide, it was as scary as jail.

(저는 여행 가이드와 함께 제주도에 있었는데 감옥처럼 무서웠어요.)

이 문장에 대해 학생에게 물어보았어요.

"서진아, 제주도에 놀러 갔는데 왜 감옥 같았니?"

그랬더니 기대를 많이 하고 갔는데 여행사 관광버스에서 할머니들이 계속 노래방 기계로 노래를 크게 부르셔서 힘들었대요. "그래서 그게 감옥처럼이나 무서웠어?" 하고 물으니, 사실 그 표현은 영어책에서 본 거라 갑자기 번뜩 생각이 나서 써본 거라고 합니다. 얼마 전 엄마랑 《Quick as a Cricket》이라는 책을 재밌게 읽었대요. "I am as happy as a lark. (나는 종달새처럼 기쁘다.)"라는 표현을 읽고, "I am as happy as Lily teacher. (나는 릴리쌤처럼 기쁘다.)"라고 엄마한테 이야기했다면서 웃었어요.

과거에 했던 모든 것들이 연결되어 지금의 나를 만들듯 우리 아이들도 그렇습니다. 사소해 보이지만 아이들이 보고 듣고 읽고 느끼는 모든 것들이 살아 있는 경험이 되고 생각으로 자라납니다.

영어 글쓰기를 처음 시작할 때에는 알파벳을 제대로 쓸 수 있을까? 문장을 만들어낼 수 있을까? 당장 어떻게 시작해야 하나 막막한 생각이 듭니다. 하지만 시간이 지나 영어 글쓰기의 기초를 다지고 나면, 결국 영어 글쓰기의 핵심은 영어가 아니었다고 생각하게 됩니다. 영어 글쓰기의 핵심은 여러 가지 다양한 경험과 그러한 경험을 연결한 생각 그리고 그것을 필요할 때 꺼내어 쓰는 힘입니다. 우리 아이들이 직접 나가서 보고 만져보고 만나보는 생생한 경험을 많이 쌓을 수 있도록 해주세요.

직접 경험 외에도 책과 영상물을 통해 간접적으로 새로운 것들을 접하는 것도 많은 도움이 됩니다. 예를 들어 집에서 영어 공부를 하거나 영어 학원에서 공부한 지문에 나오는 내용과 관련되는 영상이나 이미지를 찾아서 보거나 실제 신문기사를 함께 읽어보는 활동을 해볼 수 있어요.

〈아이에게 경험을 선물해주는 온라인 사이트〉

키들(Kiddle)

어린이를 위한 구글과 같은 검색엔진입니다. 검증된 안전한 자료만 볼 수 있어 아이 혼자 사용해도 좋아요. 예를 들어, 거북이에 대한 글을 읽은 후 'tortoise'로 검색하면 어린이를 위한 다양한 거북이 사진과 동영상, 글이 뜹니다. 영어책과 실제 세상을 연결하는 도구로써 활용할 수 있습니다.

옥타(Octa)

여행 가고 싶은 도시를 챗봇 창에 입력하면, 그 도시에 대한 역사, 기후, 여행지, 음식, 언어나 유머 등을 안내해줍니다. 현지인들이 자주 가는 장소, 식당을 둘러볼 수 있어서 간접적으로 문화를 체험해볼 수 있습니다. Cool Kids 탭을 누르면 세계 여러 나라 아이들이 자기 나라의 언어, 멋진 장소, 음식 그리고 자신의 꿈을 소개하는 글을 읽어볼 수 있습니다. 영어 글쓰기 실력을 키운 뒤에 직접 Cool Kids에 도전해 자신을 세계 다른 나라 친구들에게 소개해볼 수도 있습니다.

아웃스쿨(Outschool)

전 세계적으로 사랑받는 온라인 수업 공간입니다. 영어는 물론 음악, 미술, 지리, 코딩, 수학, 과학, 제2외국어 등을 배울 수 있습니다. 외국 친구들과 영어로 수업을 함께 듣는 경험은 그 자체가 특별한 활동이 됩니다. 아직 해외 친구들과의 영어 수업이 부담스럽다면, 한국형 아웃스쿨인 Gguge(꾸그)라는 사이트에서도 다양한 주제로 온라인 수업을 들어볼 수 있어요..

처음부터
잘 쓰는 아이는 없다

'I am all thumbs. (손재주가 없다.)'라는 표현을 들어보셨나요? 모든 손가락이 엄지손가락(thumb)이라서 손으로 하는 일에 서툴다는 의미예요. 저 표현을 처음 배웠을 때, 친구들이 저건 너를 위한 표현이라고 놀렸던 기억이 있습니다. 제가 정말 손재주가 없거든요.

결혼하고 나니 밥을 해 먹어야 하는데, 요리가 고민이었어요. 그래도 나름대로 노력해보겠다고 열심히 채소를 썰어 볶음밥을 했어요. 부족한 솜씨였지만 가족들과 맛있게 먹고 나니 정말 뿌듯했습니다. '역시 좀 모자라도 집밥이 최고지. 그래, 앞으로 하다 보면 더 잘할 수 있을 거야'라고 생각합니다. 뿌듯함도 잠시, 인스타그램에서 정갈한 요리 피드를 보니 다시 부러운 마음이 듭니다.

'나는 도대체 언제쯤 요리를 잘할 수 있을까?'

문득 영어 교육을 고민하는 부모님의 마음도 비슷하지 않을까 싶은 생각이 들었어요. 열심히 영어 영상도 보여주고 영어책도 찾아 주고 하니 아이가 재밌게 잘합니다. '그래, 이렇게 천천히 꾸준히 하면 되지!' 하고 마음을 다지죠. 그러다가 SNS나 주변에서 비슷한 또래 아이가 영어로 쓴 글을 보면 또 초조해집니다.

'우리 아이는 언제쯤 영어로 글을 쓸까?'

'지금은 듣기와 읽기에 집중해야 하는 시기이긴 한데, 내가 너무 안일하게 생각한 건가?'

같이 일했던 선생님이 얼마 전에 교습소를 열었어요. 그 선생님은 주로 대치동에서 영어를 아주 어렸을 때부터 배운 아이들을 대상으로 수업을 해왔어요. 그래서인지 파닉스부터 배우는 아이들을 어떻게 가르쳐야 할지 모르겠다고 고민을 토로했습니다. 우리 아이들을 어느 세월에 영어로 글을 쓰는 수준으로 데려갈 수 있을까 싶으셨대요. 아무래도 지도하는 아이들에게 애정이 많다 보니 그런 생각이 든 것 같았습니다. 그런데 잘 생각해보면요, 그렇게 글을 잘 써 내려가는 아이들도 분명 처음의 시작이 있었어요. 시기적으로 조금 더 빨랐지만, 알파벳과 파닉스를 배우고 서투른 문장을 쓰는 연습의 시간을 거쳐왔을 것입니다.

그렇습니다. 처음부터 잘 쓰는 아이는 없습니다.

파닉스부터 영어 에세이를 쓰는 초등학생 그리고 중고등학교의 수행평가 글쓰기까지 지도해보니 보입니다. 영어 글쓰기의 각 단계를 충실히 이어나가는 친구들은 반드시 글을 쓸 수 있다는 것이요. 알파벳과 파닉스를 재밌게 배우고 나면 영어 단어를 잘 이해하고 쓸 힘이 생깁니다. 영어책 읽기를 통해 다양한 영어 단어를 만나고 좋은 문장을 많이 접하는 친구들은 문장에 대한 감각이 생깁니다. 그리고 나서 기본적인 어순 차이와 문법 개념을 조금씩 더해주면 문장을 쓰기 시작합니다. 이 단계에서 문장을 튼튼히 잡아주면 글을 쓸 기초가 완성되는 것이지요. 마지막으로 어떤 내용의 글을 쓸지 생각하고 문장들을 잘 엮어가는 형식을 배우면 문단과 글이 됩니다.

이렇게 알파벳, 단어, 문장, 문단, 글이라는 순서로 차근차근 실력을 쌓아가면, 우리 아이도 영어 글쓰기를 충분히 잘할 수 있습니다.

그렇다면 어느 시기에 어떤 단계를 밟는 것이 적당할까 궁금해질 것입니다. 방향은 알겠는데, 시기와 속도를 어떻게 맞춰가야 할지 말입니다. 사실 시기와 속도만큼은 모두를 위해 일률적으로 정해진 답이 없습니다. 그렇지만 내 아이라면 어떤 속도를 목표로 해야 할지를 기준으로 그림을 그려보겠습니다. 초등 영어 교육 과정만을 놓고 보면 제가 제시하는 기준이 조금 빡빡하게 느껴질 수도 있습니다. 하지만 중고등학교에서 요구하는 영어 수준을 고려하고 사교육으로 여러 아이를 지도해본 기준에서 제가 생각하는 속도는 다음과 같습니다. 이를 기준으로 아이의 상황을 고려하여 너무 이르거나 지나치게 느리지 않도록 현실적인 목표 기준을 세워주세요.

6~8세	7~10세	9~11세	10~12세	11~14세
알파벳 쓰기	파닉스 단어 쓰기	문장 쓰기	5줄 이내 간단한 글 쓰기	한 편의 글 쓰기

당연한 이야기지만, 여기에서 쓰기는 완벽하게 잘 쓰는 것을 의미하지는 않습니다. 사실 어휘, 표현, 문법 그리고 무엇보다 글쓰기의 내용은 평생에 걸쳐 다듬어가는 것입니다. 그리고 혹시 우리 아이가 현재 이보다 조금 더 느리게 진행해왔다 하더라도 걱정하지 마세요. 사실 고학년이 될수록 문장 쓰기가 잘 잡히면 문단과 글이 되는 속도와 깊이는 훨씬 더 빨라질 수 있습니다.

초등학교 2학년 때부터 빨리 영어로 글을 쓴다 해도 같은 영어 실력을 갖춘 중학생이 쓰는 글과는 질적으로 다를 확률이 높습니다. 그리고 책을 많이 읽고 다양한 경험을 통해 생각을 정리해본 학생과 영어 공부만 열심히 한 학생이 영어로 쓴 글도 분명히 다릅니다. 영어 실력이 조금씩 쌓이고 그것만큼 지식과 경험과 생각이 자라면 멋진 글이 됩니다. 처음부터 잘 쓰는 아이는 없지만, 점점 잘 쓰게 되는 아이들은 분명 많습니다. 차곡차곡 무르익어가면 됩니다.

CHAPTER 2.

영어 글쓰기 준비

① 알파벳 쓰기

목표: 대문자와 소문자 알파벳을 익히고 쓸 수 있다.

시작하는 아이를 위한
알파벳 학습 3단계

언어 학습을 할 때, 특히 아이의 언어 학습에 있어 어떤 것부터 해야 할지 모르겠다는 생각이 들면 '듣기'부터 시작하면 됩니다. 알파벳도 마찬가지입니다. 듣기가 시작이고 우선입니다. 알파벳 쓰기 이전에 알파벳 소리에 충분히 노출될 수 있도록 해주세요. 문자 언어 학습의 시작은 보통 6~7세 이후로 권장하지만, 소리 언어의 시작은 시기가 빨라도 좋고 노출이 많으면 더욱 좋습니다. 모국어 발달 단계에서도 충분한 듣기가 가장 먼저 이루어지듯이, 영어도 마찬가지로 아이가 충분하게 들을 수 있는 환경을 조성해주실 것을 권합니다.

단계1. 알파벳 노래를 들려주세요

알파벳 노래를 평소에 자주 들려주세요. 아이가 알파벳을 보지 않고 소리만 반복하여 듣게 합니다. 부모님이 같이 듣고 재미있게 부르면, 아이는 따라 부르기 시작합니다. 아이가 알파벳 노래에 익숙해져 흥얼거릴 때쯤 다음 단계로 넘어가도 좋습니다.

〈처음 들려주기 좋은 알파벳 노래〉

뽀로로 영어 동요
천천히 또박또박 불러주는 알파벳 노래라서 처음 듣기에 적합합니다. 나중에 듣기가 충분히 된 후 뽀로로 캐릭터와 함께 영상으로도 보여줄 수 있어요.

단계2. 알파벳을 보면서 들려주세요

알파벳이 쓰인 책이나 보드를 구해서, 알파벳을 보면서 노래를 듣습니다. 이때, 노래를 들으면서 해당 알파벳을 손가락으로 짚어줍니다. 새로운 문자와 이미 충분하게 들어 익숙해진 소리를 자연스럽게 연결해주는 과정입니다.

하지만 문자를 암기시키는 것이 아니라 문자와도 친숙해지는 시간이라고 생각하면 좋습니다. 아이와 눈을 맞추고 입 모양을 크게 벌려

보여주세요. 그런 다음 알파벳 관련 영상을 보여주면 좋습니다. 처음부터 영상으로 시작하는 것도 좋지만, 함께 듣고 보았던 알파벳과 노래를 영상으로 접하면 훨씬 더 재미있어합니다.

〈아이가 혼자서도 보는 알파벳 노래 영상〉

Kids Baby Club
1분 30초로 영상 길이가 짧고, 명확한 발음과 매칭되는 문자가 나오기 때문에 가벼운 학습용으로 좋습니다. 단, 대문자 학습용입니다.

The Learning Station
대문자와 소문자가 모두 나오면서, 여러 버전의 ABC 노래를 반복해서 들을 수 있습니다.

단계3. **알파벳을 반복해서 읽으면서 외워봅니다**

알파벳에 친숙해졌다면, 이제 알파벳 암기에 도전해봅니다. 처음에는 A[에이], B[비], C[씨]만 보고 같이 짚어가면서 여러 번 반복하여 읽어봅니다. 그리고 "A가 어디 있을까?" 하고 A를 찾게 해줍니다. 맞았으면 하이파이브를 하면서 신나게 외워봅니다. 이때, 대문자와 소문자를 같이 학습하면서 "Capital Letter A(대문자 A), Big A(큰 A)", "Lowercase a(소문자 a), small a(작은 a)"라고 지칭해주세요. 반복해서 들려주면 아이는 자연스럽게 대문자와 소문자를 비교하고 매칭하면서 습득할 수 있게 됩니다.

그리고 다음 날은 A a [에이], B b [비], C c [씨]를 다시 읽어보고 D d [디], E e [이], F f [에프]를 배워봅니다. A, B, C, D, E, F를 읽어보고 맞춰보고 하면서 익히면 됩니다. 학습 시간은 매번 5분 이내로 짧게 잡아주세요. 오늘은 여기까지만 하자고 하면서 내일을 기약합니다. 저녁을 먹고 양치질을 하거나 씻을 때 알파벳 노래를 들려줄 수 있고 오늘 배운 글자를 거울에 손가락으로 함께 써보면서 재밌게 복습하기도 합니다.

2

알파벳을 생활 속으로 가져오는
6가지 활동

알파벳 노래를 듣고 알파벳 이름과 문자를 알게 되었다면, 알파벳과 조금 더 친해질 수 있는 다양한 활동들을 시도해볼 수 있어요. 알파벳을 도구로 활용해서 아이와 함께 읽기, 미술, 체육, 관찰 등의 다양한 놀이를 해보는 것입니다. 어린아이들은 목적을 갖고 집중해서 학습할 수 없어요. 재미있어야 몰입합니다. 재미있게 놀다 보니, 어느새 알파벳이 익숙해지는 상황을 만들어주어야 합니다.

한글을 먼저 배우고 나서 알파벳을 시작할 수도 있고, 한글을 배울 때 알파벳 학습을 병행할 수도 있습니다. 특히, 6~7세 아이들의 경우

한글과 알파벳을 동시에도 충분히 잘 받아들입니다. 기관에서 한글 학습을 주로 하고 있다면, 집에서는 영어 학습에 조금 더 시간을 할애해 주세요. 만약 반대로 영어 전문 교육기관에 보내고 있다면, 엄마표로는 한글 활동에 비중을 더 두시면 좋습니다. 국공립 유치원에 다니는 제 5세 조카에게는 알파벳 노래와 한글 노래를 한 번씩 번갈아 들려주고 함께 따라 부르며 놀아줍니다. 한글은 모국어이다 보니 훨씬 빨리 배우고 있어서, 알파벳 노래를 조금 더 들려주고 보여줍니다. 다른 활동도 마찬가지로 아이의 전체적인 학습량과 언어 발달 속도에 맞추어 조절해서 병행해주시면 됩니다.

활동1. 알파벳 그림책 읽어주기

영어를 모국어로 사용하는 아이들도 그림책을 통해 영어를 접합니다. 외국어 학습용 교재도 좋지만, 더 재밌고 작품성까지 있는 그림책을 통해 알파벳과 친숙해질 수 있습니다. 원서구매 사이트에 'abc' 혹은 'alphabet'이라고 키워드를 치면 관련한 다양한 책이 나옵니다. 도서관이나 원서를 구매할 수 있는 서점을 직접 방문해도 좋습니다. 중요한 건, 아이가 좋아하는 책을 직접 고르게 하거나 엄마가 아이 취향에 맞게 고른 책이라면 괜찮아요. 이때, 그림책에 나오는 알파벳을 손가락으로 따라 그리는 상호작용을 재밌게 보여주면 그 모습을 보고 아이들이 따라서 그리기도 합니다.

〈원서 구매하는 곳〉

원서를 구매하는 대표적인 온라인 사이트입니다. 사이트별로 판매 가격과 할인이나 이벤트하는 품목이 조금씩 달라서 서로 비교해본 후 구매하는 것이 좋습니다.

웬디북

연령대별, 분야별, AR 지수, Lexcile 지수, 시리즈/캐릭터별, 단계별로 원서를 소개하고 판매하는 원서 구매 사이트입니다. 책의 실물 치수를 파악하기 쉬우며, 상세한 리뷰들을 살펴볼 수 있어요.

동방북스

많은 양의 원서들이 있는 온라인 서점입니다. 베스트셀러와 스테디셀러, MD 추천 목록을 참고하여 구매하면 좋습니다. 상시로 저렴한 B급 도서를 만나볼 수 있어요.

북메카

다양한 원서들이 잘 정리된 원서 구매 사이트입니다. 특히 북메카 북클럽 카페를 통해 비밀 공구, 서평단, 반짝 특가, 할인 등의 혜택을 받을 수 있어요.

키즈북세종

분야별로 다양한 영어 원서를 살 수 있는 전문서점 사이트입니다. 할인을 포함한 다양한 이벤트 행사를 자주 하는 편입니다.

〈알파벳 그림책 추천도서〉

Animal ABC

귀여운 동물들이 등장하는 알파벳 책입니다. 아이들이 좋아하는 동물의 이름을 통해 알파벳을 접할 수 있습니다. 알파벳이 내는 소리와 단어를 같이 학습할 수 있습니다. 예를 들어 E, Elephant 의 경우에 /에/ /에/ /엘레쁜트/ 이렇게 말해볼 수 있어요.

Alphabet Street

다양한 그림이 있고 병풍처럼 세워 보고 열어 보는 독특한 책으로 눈과 손이 모두 즐거운 알파벳 책입니다. 알파벳에 맞게 동물이 등장하고 동작에 맞는 활동을 하고 있어 학습에도 도움이 됩니다. 아이가 손으로 문을 열면, 문 안에 쓰인 문장을 읽어주세요.

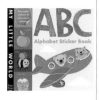

My Little World: ABC Alphabet Sticker Book

알파벳별로 여러 가지 단어가 있어요. 해당하는 단어 모양의 스티커를 붙여보기도 하고 질문에 해당하는 단어를 찾아보는 활동을 통해 즐겁게 알파벳을 배울 수 있어요. 책 속에 쓰인 질문을 읽어주고 단어를 같이 읽고 찾아보세요.

활동2. 알파벳에 색칠하기

알파벳을 출력해서 예쁘게 색칠합니다. 이때, 알파벳 노래를 들려주면서, 입으로 크게 소리를 내면서 색칠할 수 있어요.

〈알파벳 도안 무료 다운로드〉

The Aloha Hut
아이들이 좋아하는 알파벳 도안을 무료로 출력해서 오리거나 색칠해보는 활동지로 사용할 수 있어요. 대문자가 나와 있으니, 옆에 소문자를 매칭해서 쓸 수 있도록 해주면 더욱 좋습니다.

활동3. 나만의 알파벳 책 만들기

'활동2'에서 예쁘게 색칠하고 꾸민 알파벳으로 나만의 책을 만들수 있어요. 출력한 종이를 반으로 접은 다음 뒷면을 서로 이어 붙여도되고요, 이런 과정이 아직 힘들다면 각 알파벳을 공책에 붙여서 책으로 완성해도 됩니다. 색칠하고 책으로 만드는 과정에서 알파벳과 한층가까워지고, 한 장씩 넘겨 보면서 자연스럽게 복습도 할 수 있습니다.

활동4. 몸으로 알파벳 표현하기

아이들은 역시나 몸을 움직이는 것을 정말 좋아합니다. 알파벳을몸으로 직접 표현해볼 수 있어요. 구글에서 'human body alphabet'이라고 검색하면 사람들이 몸으로 알파벳을 만든 사진들이 나옵니다. 직접 따라 해보고 익숙해지면 한 사람이 몸으로 알파벳을 만들고 다른 사람이 맞히는 게임을 할 수도 있어요.

〈몸으로 만드는 알파벳 카드 무료 다운로드〉

ABC Body movement cards
알파벳을 몸으로 표현한 그림을 출력해서 활용할 수 있어요. 그림 위에 해당하는 알파벳을 그려보고 몸으로 따라 합니다. 이때, 입으로 각각의 알파벳 이름을 소리내볼 수 있게 해주세요.

활동5. **생활에서 알파벳 찾기**

생활 속에서 알파벳을 직접 찾아봅니다. 주변을 둘러보고 알파벳과 닮은 모양을 찾아보는 것입니다. 집 안 혹은 밖에서 여러 가지 물건을 보며 알파벳 모양을 찾아봅니다. 알파벳 찾기 활동을 할 수 있는 원서를 활용할 수도 있어요.

〈알파벳 찾기 활동을 할 수 있는 원서〉

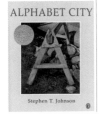

Alphabet City
그림으로만 된 알파벳 책입니다. 도시의 풍경 속에 숨어 있는 알파벳 이미지를 그림으로 나타내었어요. 숨은 그림을 찾듯이 알파벳을 찾으면서 알파벳에 관한 관심과 영어에 대한 흥미를 높여줄 수 있습니다.

I SPY

각 장에 명화가 나오고 각 알파벳으로 시작하는 사물을 찾아보는 책입니다. 명화를 감상하면서 알파벳을 찾고 해당하는 알파벳의 단어까지 학습할 수 있어요. 아이들은 정답으로 나온 단어 외에도 여러 가지 다른 단어들을 찾는 기발함을 발휘하기도 합니다.

ABC: The Alphabet from the Sky

높은 하늘에서 내려다본 도시의 모습 속에서 알파벳을 찾아보는 책입니다. 일상적으로 보는 풍경이 아닌 새로운 각도로 도시를 바라본다는 것 자체가 흥미롭습니다. 아이에게 해볼 수 있는 질문들이 쓰여 있어 읽어주면서 알파벳을 찾아볼 수 있어요. 이 책을 본 후 '구글어스'에서 세계 주요 명소를 찾아 항공샷을 보여주면서 알파벳 찾기 활동으로 연계해주니 아이들이 너무 신기해하고 좋아했습니다.

활동6. 알파벳 놀이로 흥미 높이기

어느 정도의 학습이 이루어지고 있을 때, 게임을 통해 알파벳에 대한 흥미를 높여줄 수 있습니다. 준비해야 하는 엄마는 조금 귀찮을 수 있지만, 아이들은 게임을 정말 좋아합니다. 아이들이 재밌어하는 모습을 보면 수고로움이 눈 녹듯 사라질 거예요. 집에서 쉽게 저렴하게 해볼 수 있는 게임들을 소개합니다.

① 인덱스카드 쓰기

인덱스카드는 문구점에서 비싸지 않게 구매할 수 있어요. 카드를 따로 떼어서 게임을 할 수 있고, 같이 묶어서 학습용으로도 쓸 수 있어서 활용도가 높습니다. 대문자용, 소문자용 인덱스카드로 나누어 엄마가 연필로 흐리게 쓰고 아이가 따라 쓰거나, 아이가 아직 쓰기를 시작하지 않았다면 엄마가 쓰는 모습을 옆에서 보여주세요. 엄마가 옆에서 열심히 쓰는 모습을 보면, 써보고 싶은 마음이 들 거예요. 써보고 싶지 않다고 하면, 예쁘게 쓰는 모습만 보여주셔도 좋습니다. 알파벳을 쓰면서 대문자 A에는 "Capital A" 소문자 a에는 "Lowercase a" 하는 식으로 말을 하면서 써주세요. 만약에 아이가 원한다면, 엄마랑 연필을 같이 잡고 써보는 시간을 가질 수 있습니다. 이때, 알파벳을 완벽하게 예쁘게 쓰지 않아도 괜찮습니다. 대문자, 소문자 A부터 Z까지 카드를 만들어놓습니다.

② 인덱스카드 활용 놀이

• 놀이1. 카드 찾기

알파벳 이름 혹은 소리를 듣고 해당 카드를 찾습니다. 우리말로 해도 좋지만, 아이가 알파벳 놀이에 조금 익숙해진 뒤에는 엄마가 다음과 같은 간단한 영어 문장으로 질문해볼 수 있습니다.

엄마: Let's find the 'C'. (알파벳 'C'카드를 찾아보자.)

엄마: What makes '드' sound? ('드' 소리가 나게 하는 것은 무엇일까?)

・ 놀이2. 자석 놀이

알파벳을 적은 인덱스카드에 클립을 끼웁니다. 알파벳 소리를 들려주고 자석으로 해당 카드를 찾아 붙이도록 합니다. 아이가 카드를 찾는 동안 계속해서 알파벳 이름("에이")과 소리("애, 애")를 들려주면 좋습니다.

・ 놀이3. 점프 놀이

알파벳을 적은 인덱스카드를 바닥에 깔아둡니다. 부모님이 알파벳 소리를 불러주고 아이가 해당 카드 위를 점프합니다. 반대로 아이가 알파벳을 불러주고 아빠나 엄마가 점프하도록 역할을 바꿔도 재미있습니다.

3

알파벳 쓰는 순서와
파닉스 익히기

알파벳에 익숙해지고 나면, 쓰기 활동을 시작할 수 있습니다. 알파벳 쓰기 교재를 활용할 수도 있고 무료로 내려받을 수 있는 자료를 활용해도 좋습니다. 쓰기를 처음 시작하는 만큼 부담이 되지 않도록 조금씩 분량을 정해서 꾸준히 해주세요. 그리고 쓰면서 알파벳 이름이나 소리를 끊임없이 말할 수 있도록 해주세요. 처음에 엄마나 아빠가 크게 소리를 내면서 쓰는 모습을 보여주면 됩니다. 아이는 관찰하고 일정 시간이 지나면 자연스럽게 모방합니다.

알파벳 대문자 쓰기

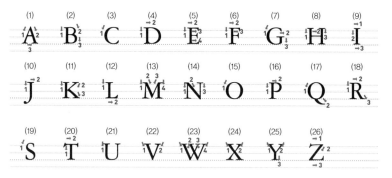

알파벳 소문자 쓰기

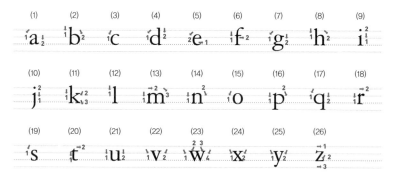

〈알파벳 쓰기 무료 다운로드〉

K5 Learning

알파벳 순서대로 하나씩 출력하여 편리하게 사용할 수 있습니다. 한 페이지에 소문자까지 제공하고 있어 대소문자를 동시에 학습하기에도 좋습니다.

EBS English

EBS영어 웹사이트에는 양질의 무료 자료와 강의들이 가득합니다. 아직 널리 알려지지 않은 것 같지만, 사이트에 가입만 하면 좋은 알파벳 쓰기 자료를 무료로 내려받을 수 있어요.

알파벳 이름과 소리 연결하기

알파벳을 익힐 때는 문자의 이름과 문자의 소리를 배웁니다. 문자와 소리의 관계를 파닉스라고 합니다. A, B, C, D를 가지고 '에이, 비, 씨, 디' 이렇게 문자의 이름을 익혔다면, 알파벳이 내는 소리, 즉 파닉스를 연결해서 학습할 수 있습니다. 예를 들어, '에이'라고 이름을 읽고 '애' '애' 이렇게 문자가 내는 소리를 함께 읽어보는 것입니다.

아래 표를 통해 알파벳이 내는 소리를 하나씩 익혀보세요. 또한, 시중에 나와 있는 알파벳과 파닉스 교재를 활용한다면 엄마표로 충분히 파닉스를 완성할 수 있습니다.

A a	B b	C c	D d	E e	F f
에이ㅣ애	비ㅣ브	씨ㅣ크, 쓰	디ㅣ드	이ㅣ에	에프ㅣ프
G g	H h	I i	J j	K k	L l
쥐ㅣ그, 쥐	에이치ㅣ흐	아이ㅣ이	제이ㅣ즈	케이ㅣ크	엘ㅣ(을)르

M m	N n	O o	P p	Q q	R r
엠 ㅣ 므	엔 ㅣ 느	오 ㅣ 아	피 ㅣ 프	큐 ㅣ 크	알 ㅣ (으)르
S s	T t	U u	V v	W w	X x
에스 ㅣ 스	티 ㅣ 트	유 ㅣ 어	브이 ㅣ 브	더블유 ㅣ 우	엑스 ㅣ 크스
Y y	Z z				
와이 ㅣ 이	직 ㅣ 즈				

〈알파벳 쓰기 교재 추천〉

영어랑 놀자 ABC 알파벳 쓰기

처음 알파벳을 쓸 때, 재미있게 써보고 다양한 활동을 할 수 있도록 구성되어 있습니다. 분량이 많지 않아 부담스럽지 않게 시작할 수 있어요.

똑똑한 하루 Phonics: Starter A

알파벳 쓰기를 하면서 파닉스를 함께 공부하기 좋은 교재입니다. 글자를 익힌 후에 소리를 직접 들어볼 수 있습니다.

Spell & Write: Pre K

알파벳이 들어간 단어를 먼저 듣고 나서 직접 쓸 수 있도록 구성되어 있어요. 대문자와 소문자의 연결 활동과 색칠 활동을 통해 알파벳 학습에 재밌게 접근할 수 있습니다. CD를 통해 계속 들으면서 공부할 수 있어서, 초반에 엄마가 잘 도와주고 나면, 스스로 듣고 학습할 수 있습니다.

알파벳 지도할 때
반드시 주의해야 할 것들

주로 영어를 시작하는 단계의 아이들이 알파벳을 배우게 됩니다. 이때 잘못된 방법으로 지도하면 영어를 싫어하게 되거나 영어 학습을 거부할 수도 있어요. 상담을 받으러 오는 학부모님 중에는 집에서 아이를 열심히 가르쳐보려고 알파벳 학습을 시켰는데, 나중에 오히려 영어책 듣기까지 거부하는 상황이 와서 난감했다는 이야기를 전하는 분도 있었습니다. 하지만 반대로 생각해보면 재미있게 이끌어주면 영어에 대한 흥미가 생길 수 있다는 의미예요. 집에서 알파벳을 지도할 때 유념해야 할 것들을 알아보겠습니다.

주의1. 무조건 반복해서 쓰게 하지 않는다

초등 영어 학원에 근무할 때였어요. 수업이 끝난 후에 몇몇 아이들이 아직 남아 있길래 무엇을 하고 있나 슬쩍 봤어요. 내년에야 초등학교에 입학하는 어린아이들이 알파벳을 수십 번씩 반복해서 쓰고 있었어요. 연필을 쥐기도 쉽지 않은 아이들이 지겨워하고 힘들어하는 모습을 보니 안타까웠어요. 알고 보니 데스크에서 일하시는 선생님이 아이들에게 공부를 시켜준다고 하신 것이었어요. 다음 학원에 가기 전까지 시간이 남는 아이들인데, 본인이 영어를 직접 가르쳐주기는 어려워서 알파벳 쓰기라도 연습시키자 하셨대요.

선생님의 의도는 좋았지만, 사실 처음 시작하는 단계의 영어 학습에서는 좋은 방법이 아닙니다. 학습적인 효과도 떨어질뿐더러 쓰기 학습은 재미없고 힘들다는 인식을 하게 합니다. 그래서 수업 시간 중간중간 쓰기 활동을 조금씩 진행했어요. 예를 들어, 총 10번을 써야 한다고 하면 3번, 4번, 3번으로 나눠서 쓰는 것이죠. 집에서의 학습에 적용해보면 하루에 10번 쓰기보다는 이틀에 걸쳐 하루에 5번씩 쓰는 식으로 나눠서 시작하는 것이 좋습니다. 조금씩 시작해서 꾸준히 그리고 점차 학습량을 늘려가는 것이지요. 저의 경우에는 아이들에게 소중한 기회를 주듯이 말합니다.

"딱 3번씩만 쓰자. 더 쓰고 싶어도 딱 3번씩만 쓰는 거야. 대신 예쁘게 쓰고 천천히 읽어가면서 쓰자"

주의2. **꾸준히 알파벳을 쓰는 루틴을 갖는다**

　열심히 가르쳤는데, 알파벳을 순서대로 써보자고 하면 중간에 잘못 쓰는 경우가 있습니다. 너무나 당연하고 자연스러운 거예요. 처음 알파벳을 배운 후에 두 달 정도는 수업 시작 전에 알파벳 쓰기로 시작했습니다.

　엄마표 영어에서도 마찬가지로 5분에서 10분 이내로 영어 공부를 본격적으로 시작하기 전에 해볼 수 있습니다. A부터 Z까지 대문자와 소문자를 써보게 합니다. 하루는 알파벳 따라 쓰기를 하고 알파벳 이름을 말해봅니다. 다른 날은 영어 공책에 알파벳을 써본 후에 알파벳 소리를 함께 읽어보는 시간을 갖습니다. 몇 달 정도의 꾸준한 루틴 학습으로 대문자, 소문자를 포함한 알파벳과 문자 이름, 소리까지 암기할 수 있습니다.

주의3. **대·소문자의 차이를 자연스럽게 알려준다**

　엄마표 영어를 하는 부모님께서 유튜브 댓글로 질문을 주셨어요. 아이가 알파벳을 배우다가 왜 영어에 대문자와 소문자가 있는지 궁금해했다고 합니다. 알파벳을 막 배우기 시작한 아이에게 어떤 식으로 대문자 소문자 개념을 알려줘야 할지 몰라 난감하셨다고 해요.

① 질문에 질문으로 답하기

아이의 질문에 엄마가 항상 완벽하게 답을 해주어야 하는 것은 아니에요. 오히려 엄마가 쉽게 답을 던져주면, 그 순간에는 이해하는 듯해도 금방 잊어버릴 수 있습니다. 아이가 "대문자와 소문자의 차이가 뭐예요?"라고 묻거나 아이에게 개념을 알려주고 싶다면 답을 바로 주기보다는 질문을 해보세요.

"대문자와 소문자의 차이가 뭘까? 엄마도 생각이 잘 안 나네."

아이는 궁금해하면서 호기심을 키워가게 됩니다. 아이가 마음속에 질문을 품으면서 생각할 시간을 갖게 해주세요.

② 추측 게임을 해보기

"네 생각에 영어를 만든 사람은 왜 대문자와 소문자를 만든 것 같아?"라는 새로운 질문을 던져볼 수도 있습니다. 물론 여기서 정답을 기대하는 것은 아닙니다. 아이가 여러 방면으로 추측해볼 수 있도록 기회를 주는 것입니다. 아이들은 생각보다 엉뚱하면서도 기발합니다.

"대문자는 엄마고 소문자는 아기야."

"화가 날 땐 대문자를 쓰고, 기분 좋을 땐 소문자를 써."

아이들은 이렇게 자유로운 발상을 마음껏 하면서 재미를 느낍니다. 이 과정에서 자연스럽게 호기심이 증폭합니다.

③ 영어책에서 직접 발견해보기

"자, 대문자란 이럴 때 쓰는 거야."라고 처음부터 알려주기보다는 스스로 찾아볼 기회를 주면 더욱 좋습니다. 그림책이나 리더스북에서 대문자를 찾아 동그라미를 치거나 밑에 대문자만 따라 쓰게 해주세요. 아이가 찾은 대문자들이 쓰인 공통적인 규칙을 함께 찾아보세요. 아이가 어려워한다면 슬쩍 도와주셔도 좋습니다. 고를 수 있는 질문으로 바꿔주시는 거죠.

"대문자는 문장 맨 앞에 쓰였을까? 맨 뒤에 쓰였을까?"

④ 호기심을 열어두기

우리가 찾은 규칙 말고도 대문자를 사용할 때가 더 있다고 말해줍니다. 하지만 처음부터 모든 규칙을 다 알려주기보다는 다음번을 기약해주세요. 오늘은 아쉽지만 여기까지 하며 학습을 보물찾기처럼 즐길 수 있게 합니다. 그러면 후에 아이가 책을 읽을 때, 자연스럽게 대문자와 소문자를 눈여겨보게 됩니다. 이렇게 또 새로운 규칙을 찾아갈 수 있도록 하는 것이죠. 기초 영어 문법을 배우면서 대문자 소문자에 대해 배울 때, 아이는 스스로 공부했던 과정을 떠올리면서 머릿속에 정리하는 과정을 거칠 것입니다.

주의4. 대문자를 사용하는 경우를 미리 알아둔다

① 문장을 시작할 때

Students love reading. (학생들은 읽기를 사랑한다.)

② '나'를 지칭할 때

너는 you라고 소문자로 쓰기도 하지만, '나'를 지칭하는 I는 언제나 대문자로 사용합니다.

Yesterday, **I** ate pizza. (어제, 나는 피자를 먹었다.)

③ 고유명사일 때

사람이나 회사 이름, 도시, 국가 등 고유명사를 나타낼 때는 첫 글자를 대문자를 씁니다.

Hana lives in **S**eoul. She works for **LG** **E**lectronics.

(하나는 서울에 산다. 그녀는 LG전자에서 일한다.)

④ 요일, 월, 공휴일, 계절

요일, 월, 공휴일은 첫 글자를 대문자로 씁니다. 계절의 경우에는 보통 소문자로 쓰지만, 계절이 제목과 같은 고유명사로 사용될 경우에는 대문자로 쓰기도 합니다.

It is **M**onday. (월요일이다.)

My birthday is on the 2nd of **J**anuary. (내 생일은 1월 2일이다.)

What did you get for **C**hristmas? (크리스마스에 선물로 뭘 받았어?)

I like summer because of the **S**ummer **C**amp. (나는 여름캠프 때문에 여름이 좋다.)

〈대문자 학습 무료 워크시트〉

K5 Learning

— Capitalize the first word of each sentence: 문장의 시작을 대문자로 쓰는 연습을 할 수 있습니다.

— Capitalize the special words: 요일, 달, 사람 이름, 공휴일, 장소를 대문자로 바꾸어봅니다.

— Fix the capitalization in the sentences: 문장 속에서 대문자로 쓰여야 할 것을 찾아서 수정함으로써 대문자 쓰기 훈련을 합니다.

주의5.   헷갈리는 알파벳을 구분하게 한다

아이들이 주로 헷갈리는 알파벳들이 있습니다. 대표적으로 소문자 b와 d입니다.

I watcheb TV yesterbay.

영어권에서 태어난 친구들도 이렇게 알파벳을 헷갈리는 경우가 있습니다. 우리나라 아이들만 헷갈리는 게 아니라, 미국 어린이들도 많이 혼동하는 것이 알파벳이에요. 그래서 b와 d를 쉽게 구분하기 위한 여러 가지 아이디어들이 공유되고 있어요.

침대 머리 부분이 b 그리고 침대 끝부분이 d라고 설명해주면서, 같이 따라서 그려봅니다. 이미지화해서 조금 더 쉽게 기억할 수 있도록

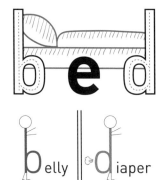

도와주는 방법의 하나예요.

아이들이 정말 좋아했던 구별법은 "b는 배, belly(벨리) 불뚝, d는 기저귀, diaper(다이퍼) 뿅"이었습니다. "b(비)는 브, 브, belly(벨리) 불뚝" "d(디)는 드, 드 diaper(다이퍼) 뿅" 이런 식으로 외칩니다. 일단 재밌으면 반은 성공이에요. "belly(벨리) 불뚝" 말하면서 b를 써보고, "diaper(다이퍼) 뿅" 하면서 d를 여러 번 써보게 합니다.

〈헷갈리는 알파벳 b, d 와 p, q 무료 워크시트〉

Teachers Pay Teachers

선생님들끼리 무료로 혹은 유료로 다양한 자료를 공유하는 사이트입니다. 첫 사용 시 가입을 해야 한다는 번거로움은 있습니다. 하지만 양질의 자료들이 무료로 공유되어 엄마표 영어를 하는 분이나 영어 강사님들이 활용하기 좋은 사이트입니다. 가입이 안 되어 링크가 바로 연결되지 않을 경우, Teachers Pay Teachers 사이트에서 무료 회원가입을 먼저 합니다. 그 후에 검색창에 'b and d Letter Reversal Worksheets'라고 입력하면 해당 자료를 쉽게 받을 수 있어요. 왼쪽에 Prices(가격) 탭에서 Free(무료)를 표시하면 무료 자료만 볼 수 있어요.

쓰는 것을 싫어하는 아이를 위한 5가지 처방

　쓰기 활동 자체를 거부하거나 싫어하는 아이들이 참 많습니다. 비단 영어뿐만 아니라 한국어 쓰기에 대해서도 한 번쯤 고민해보셨으리라 생각합니다. 스마트폰 사용이 늘어나면서 아이들이 소근육을 활용해서 글쓰기를 하는 시간이 더욱 줄어들고 있습니다. 스마트폰 자판을 누를 때에 사용되는 소근육은 실제로 몇 개 되지 않아서 뇌 활동도 활발하게 일어나지 않아요. 반면 글을 쓸 때 사용하는 소근육은 뇌를 활성화해줍니다.

　제가 만난 초등학생 아이 중에서는 쓰는 것 자체가 아직 익숙하지 않은 경우가 많았어요. 아이는 열심히 쓰려고 노력하는데, 쓰는 속도가 아직 아주 느려요. 다른 아이들과 속도가 너무 맞지 않아 끝까지 기다려주지 못할 때도 있었습니다. 그래서 못 쓴 부분은 집에서 숙제로 써 오라고 하지만, 숙제로 꾸준히 잘 채워 오는 아이들은 드물었어요. 그리고 고학년으로 갈수록 쓰는 것 자체가 귀찮다며 악필로 대충 쓰기 시작하는 아이들이 많아집니다.

문장 전체를 답으로 써야 하는 서술형 문제도 글쓰기를 빼고 기호로만 씁니다. 예를 들어 '정답: a. People make ice cream.'이라고 써야 한다면, 'a'라고만 쓰는 것이죠. 그뿐만 아니라 글을 써놓으면 도대체 무슨 말인지 전혀 알아볼 수가 없어요. 다시 쓰라고 하면 그때만 조금 나아질 뿐 시간이 지나면 또다시 엉망으로 글을 써놓고 말합니다.

"쓰기 싫어요. 너무 귀찮아요."

어떻게 하면 쓰기 활동을 재밌게 잘 시작하게 해줄 수 있을까 고민하다가, 아이들이 어떨 때 쓰기를 재밌게 했는지 생각해보았어요.

처방1. 아이가 좋아하는 필기구를 준비한다

아이들은 자기만의 필기구를 굉장히 소중하게 생각합니다. 예쁜 보석이나 귀여운 인형이 달린 연필 혹은 샤프와 같은 필기구를 사면, 수업 시간 내내 싱글벙글합니다. 평소에 쓰라고 해도 잘 안 쓰던 아이들이 얼마나 소중하게 연필을 꺼내서 자랑스럽게 글을 쓰는지 보면 피식 웃음이 납니다. 그래서 저도 일부러 꽃이 크게 달린 연필을 사서 가지고 다녔어요. 쓰기 싫어하는 친구들이 생기면 이 연필을 특별히 빌려주었는데, 다른 아이들도 다음 시간에 꼭 쓰겠다고 합니다. 열심히 쓰는 친구에게 먼저 쓸 기회를 준다고 하기도 했어요. 그랬더니 자기가 얼마나 열심히 썼는지 손 들고 저를 여기저기서 불렀습니다.

반면 연필이나 지우개를 늘 깜빡하고 가져오지 않는 친구들이 있어요. 교실에 굴러다니는 연필을 모아놓은 곳이 있는데, 다른 친구들이 쓰기 시작하면 그제야 연필을 찾으러 갑니다. 이런 경우 문제는 수업의 집중도가 떨어지고 산만해진다는 것이에요. 비싸고 화려한 학용품을 준비해야 하는 것은 아닙니다. 아이가 직접 고른 연필, 필통, 노트 등 애정이 담긴 학용품이면 충분해요. 뾰족하게 깎은 연필이 가지런히 필통에 있으면 무언가를 쓰고 싶은 마음이 들거든요.

처방2. 다양한 쓰기 활동을 시도해본다

매일 같은 패턴으로 반복해서 쓰는 것이 너무 지루하다고 느껴질 때가 있습니다. 그때는 여러 가지 색다른 재료를 시도해볼 수 있습니다. 예를 들어, 연필 대신 여러 색깔의 보드마커, 색연필, 크레파스, 글라스데코 등을 활용해봅니다. 그리고 노트 대신 화이트보드, 스케치북이나 베란다 유리창에 써보는 것이죠.

엄마가 화이트보드에 알파벳을 씁니다. 이때, 알파벳 노래를 흥얼거리면서 재밌게 써봅니다. 그러면 아이가 자기도 써보고 싶다고 다가옵니다. 보드마커를 주기 전에 워밍업 게임을 합니다. 바로 손에 보드마커를 쥐여주면, 낙서부터 하거든요.

"먼저 공중에다가 손가락으로 알파벳 D를 써보자."

아이가 손가락으로 D를 씁니다.

"우와 진짜 잘 쓰는데? 그럼 눈을 감고 써볼까?"

아이가 눈을 꽉 감고 손가락으로 D를 씁니다.

"그래, 그럼 이제 칠판에 예쁘게 ABCD를 써보자."

사실 이 과정은 쓰기 실력을 높이는 것보다는 쓰기에 대한 거부감을 줄이는 것에 초점을 맞춘 활동이에요.

또한 어린이들의 쓰기 학습을 재밌게 만들어주기 위해 개발된 다양한 무료앱을 사용해볼 수 있습니다. 스마트폰의 Play Store에서 앱 이름을 검색하고 내려받아 쓸 수 있어요. 학습을 마무리하면서 배운 글자만 5분 이내로 활용하는 등 제한적으로 사용할 수 있도록 해주세요.

〈알파벳 쓰기를 도와주는 무료 앱〉

ABC PreSchool Kids

알파벳과 줄긋기, 숫자, 모양, 미로, 색칠 등 쓰기에 관한 다양한 활동을 제공합니다. 대문자, 소문자를 직접 연습장에 쓰는 것처럼 학습용으로 활용할 수 있습니다. 다양한 색깔의 펜을 이용할 때마다, 색의 이름을 영어로 알려주기 때문에 색깔 이름도 자연스럽게 함께 학습하게 됩니다.

ABC Kids – Tracing & Phonics

대문자와 소문자를 직접 재밌게 그려볼 수 있습니다. 쓰는 순서
와 방법이 나와 있어 손쉽게 따라 쓰기 좋고, 알파벳 관련한 다양
한 게임도 즐길 수 있어요.

처방3. 영어 노래 들으면서 쓰기 활동을 한다

반복해서 같은 것을 쓰는 것은 사실 고됩니다. 저도 돌이켜 보면, 어렸을 때 한문 시간에 똑같은 한문을 반복해서 쓰는 것이 정말 힘들었어요. 나의 문장을 만드는 창작 활동을 할 때는 집중해서 생각해야 하므로 영어 노래를 틀어주면 자칫 방해될 수 있어요. 하지만 똑같은 알파벳이나 단어를 반복해서 쓰는 활동에서는 지루함을 덜어주는 좋은 방법이 됩니다. 이왕이면 알파벳을 쓸 때는 알파벳 송을, 요일을 쓸 때는 요일 송을, 계절 관련 단어를 쓸 때는 계절 송을 듣는 것으로 연결되면 좋아요. 배경음악으로 소리가 너무 크지 않게, 아이가 흥얼거리면서 쓸 수 있을 정도로 볼륨을 조절해주세요.

유튜브에 '(핵심키워드) song for kids'라고 검색해서 가장 좋은 노래를 골라서 들려주세요. 예를 들어, alphabet(알파벳) song for kids, days(요일) song for kids, season(계절) song for kids 하는 식으로 찾으면 됩니다.

처방4. 소근육 발달 활동을 한다

온몸을 움직여 큰 운동을 하는 것이 대근육 운동이라면, 손과 손가락을 사용하는 활동은 소근육 운동에 해당합니다. 소근육이 발달함에 따라 아이는 물건을 잡거나 들고 옮기는 것을 시작으로 단추나 구슬 끼우기, 레고 조립하기, 미술, 요리, 젠가게임 같은 여러 섬세한 활동을 할 수 있습니다. 그러므로 다양한 소근육 발달 활동을 하면 소근육을 사용해야 하는 글쓰기에도 큰 도움이 됩니다.

① 완두콩 놀이

-준비물: 밀가루, 물, 완두콩

밀가루에 물을 섞어 만든 밀가루 반죽을 평평하게 깔아줍니다. 그릇에 완두콩을 준비해둡니다. 완두콩을 반죽판 위에 옮겨서 모양을 만듭니다. 이때, 알파벳 모양을 보여주고 따라 만들어볼 수 있게 해도 좋습니다. 하지만 아이가 다른 모양을 만들고 싶어 한다면 자유를 허락해주세요. 작은 콩을 손으로 잡아서 옮기는 과정에서 자연스럽게 소근육이 발달합니다.

② 소금 놀이

-준비물: 굵은 소금, 쟁반, 빨대

굵은 소금을 쟁반에 도톰하게 깔아줍니다. 손가락이나 빨대를 활용하여 글씨 연습을 합니다. 출력한 알파벳 모양을 따라 써도 좋고, 알

파벳을 불러주면 받아쓰기를 해도 좋습니다. 자기 이름 쓰기 연습을
해도 좋습니다. 쟁반을 살짝 흔들면 다시 원상태로 돌아옵니다.

처방5. 줄긋기 연습을 한다

연필을 들고 무언가 쓰는 것을 거부하거나 싫어하는 친구들에게는
줄긋기 연습부터 시작하게 합니다. 수업 시간에 할 수는 없어서 연필
드는 것을 유독 싫어하는 어린아이들에게만 별도로 숙제로 내줬어요.
알파벳도 한글도 아닌 단순 줄긋기 활동이라 아이들도 부담 없이 놀이
처럼 즐길 수 있습니다.

〈줄긋기 활동 자료〉

Teachers Pay Teachers
▸ **검색어:** pre-writing worksheets for toddler
회원가입 후 검색해볼 수 있어요. 동물을 따라 재밌게 줄을 그을 수 있게 되
어 있는 워크시트입니다. 알파벳을 쓸 때 필요한 줄긋기 활동으로 잘 구성되
어 있어서 활용을 추천합니다.

CHAPTER 3.

영어 글쓰기 준비

② 단어 쓰기

목표: 초등 수준의 영어 단어를 외우고 쓸 수 있다.

1

읽기 단계를 쓰기와
연결하는 방법

초등 저학년 때 영어 공부의 핵심은 영어를 계속해서 많이 듣고 읽기 시작하는 것입니다. 음성 언어는 많은 노출을 통해 소리로 자연스럽게 습득되지만, 문자 언어는 의도적으로 노력해야 하는 영역입니다. 많은 언어학자의 의견이기도 하지만, 저도 현장에서 아이들을 지도해보면서 6~7세부터 문자 학습을 하는 것이 가장 효과적임을 몸소 느꼈습니다. 그 전까지는 부모님의 목소리, 영어 노래, 영어책 음원 등을 통해 소리에 익숙하게 해주는 데에 집중하면 좋습니다.

보통 초등학교 입학을 앞두고 혹은 초등 저학년 때부터 문자 학습을 시작하면 됩니다. 주로 파닉스로 시작하는데, 파닉스는 아이가 소리 내어 읽는 훈련을 통해 스스로 읽는 힘을 기르는 과정입니다. 이때 읽기와 쓰기를 별개로 지도할 수도 있지만, 읽기 학습을 하는 과정에서 간단한 쓰기 학습을 연결해주면 조금 더 쉽게 쓰기를 시작할 수 있고 무엇보다 꾸준히 지속할 수 있습니다. 읽기 독립을 하기까지의 과정을 그려보면서 각 과정에서 어떻게 쓰기 학습을 연결해줄 수 있는지 알아보도록 할게요.

단계1. 파닉스 단계의 쓰기

파닉스는 문자와 소리의 관계를 학습하는 것입니다. 다음과 같은 일정한 규칙을 알고, 그 규칙과 관련된 문자를 소리 내어 읽는 능력을 키우는 것이죠.

- at [앳]

c[ㅋ] + at[앳] = cat[캣]

b[ㅂ] + at[앳] = bat[뱃]

h[ㅎ] + at[앳] = hat[햇]

처음 문자 학습을 시작하는 단계이기 때문에 '쓰기'를 강조하기보다는 '쓰기'도 조금씩 더해줄 수 있다는 가벼운 마음으로 시작해보시기 바랍니다. 파닉스 학습을 위해 교재를 활용할 수 있는데, 여러 권으로 나누어진 교재와 한 권으로 구성된 교재가 있어요. 영어 학원에서는 단계적인 학습을 위해 주로 4~5권으로 구성된 교재를 사용합니다. 하지만 집에서 부담 없이 공부를 시작하고 싶다면 단권의 학습서도 괜찮습니다.

〈파닉스 학습 추천 교재〉

스마트 파닉스
- 학생용 책(Student Book)과 연습용 쓰기 책(Practice Book) 으로 구분되어 체계적인 학습이 가능합니다.
- 5권으로 구성되어, 한 달에 한 권씩 공부하는 학습 계획을 세울 수 있습니다.
- 홈페이지에 있는 다양한 학습 자료 및 어플리케이션과 연계해서 학습할 수 있습니다.

한 권으로 끝내는 파닉스
- 한 권으로 필수 파닉스 규칙을 학습할 수 있습니다.
- 듣고 읽고 쓰는 학습이 잘 연계되어 있어요.
- 별도의 쓰기 노트로 파닉스 단어 쓰기가 가능합니다.

파닉스 100일의 기적
- 한 권으로 필수 파닉스 규칙을 학습할 수 있습니다.
- 저자 무료 강의와 발음 영상을 활용할 수 있습니다.
- 스티커 붙이기나 파닉스와 연계된 활동을 통해 재밌게 공부할 수 있도록 구성되었습니다.

이러한 교재들을 활용하면, 파닉스는 비교적 단기간에 집에서 충분히 학습할 수 있습니다. 영어책을 읽으면서 점차 자연스럽게 파닉스를 알아가는 방법도 있습니다. 하지만 파닉스 규칙이 잘 정리된 파닉스 교재와 자료를 활용하는 것을 권합니다.

다만, 파닉스 학습만 하는 기간이 1년 이상 길어지는 것은 지양해주세요. 3개월에서 6개월 이내를 목표로 두고 집중적으로 공부하는 것을 추천합니다. 그런 다음 영어책을 읽으면서 부족한 부분을 계속 보완해갈 수 있어요. 파닉스 학습 시 다음과 같은 순서로 지도할 수 있어요.

① 파닉스 단어 듣기

앞서도 말씀드렸듯이 언어 공부의 시작은 듣기입니다. 가능하다면 영어 공부를 시작하기 전에는 먼저 들려주세요. 파닉스 단어도 마찬가지예요. 오늘 학습할 발음과 단어를 먼저 들려주면 좋습니다. 학원에서 파닉스 수업을 할 때도 원어민 선생님이 단어를 읽어주거나 원어민 음성의 CD를 틀어주면서 시작합니다.

집에서도 음원을 활용해주세요. 교재에 포함된 음원을 활용해도 좋고, 아이가 좋아할 만한 음원을 온라인 사이트에서 찾아서 활용해보는 방법도 좋습니다. 교재를 활용하지 않을 때는 유튜브 영상을 활용할 수 있어요. 다음의 추천 영상을 활용해도 좋고, 직접 검색해서 찾아볼 수도 있어요. 'ai' 소리를 배우고 싶을 때, 'ai phonics'라고 검색해주세요.

Little Fox – Phonics Songs
알파벳 A부터 Z까지 하나씩 파닉스를 학습할 수 있는 노래 영상 목록입니다.

A*List! English Learning Videos for Kids
– All about Phonics
단모음, 장모음, 이중모음, 이중자음 그리고 파닉스 노래, 이야기까지 체계적으로 잘 구성된 영상 목록입니다.

② 파닉스 단어 읽기

파닉스 발음과 단어를 들으면서 크게 여러 번 반복하여 읽습니다. 이때, 파닉스 규칙의 발음에 조금씩 음가를 더해가면서 단어 읽기를 시도합니다.

파닉스 단어	파닉스 발음
main	1) ai [에이]
	2) ain [에이] + ㄴ = [에인]
	3) main ㅁ + [에인] = [메인]

처음에 엄마가 아이에게 읽어주고 그다음에는 엄마와 아이가 함께 읽고 마지막에 아이 스스로 혼자 읽습니다.

K5 Learning
교재를 활용하지 않고 파닉스를 학습할 때 활용할 수 있는 파닉스 단어 무료 자료입니다.

③ 파닉스 단어 쓰기

대부분의 파닉스 교재 안에는 쓰는 페이지가 있습니다. 이때, 문자를 보고 크게 읽으면서 천천히 쓸 수 있게 지도해주세요. 많이 쓰는 것보다 듣고 나서 말을 하면서 또박또박 쓰는 것이 중요합니다. 그런 다음 단어의 발음을 듣고 써보는 받아쓰기 활동을 해볼 수 있습니다. 이때, 아빠나 형제자매처럼 다른 사람이 파닉스 단어를 읽어주고 엄마와 아이가 함께 적어볼 수 있어요. 아이가 시험처럼 부담을 느끼지 않도록 게임처럼 재밌게 해주세요. 아직 받아쓰기가 어려운 아이라면 단어를 보고 그대로 베껴 쓰는 것만으로도 충분합니다.

〈영어 단어 받아쓰기 용지〉

 SUPERSTAR WORKSHEETS
영어 단어 받아쓰기를 위한 용지를 무료로 내려받아 활용할 수 있는 사이트입니다. 월요일부터 금요일까지 매일 연습하는 워크시트와 10개부터 20개까지 단어 시험을 볼 수 있도록 만들어진 워크시트도 있습니다. 필요에 맞게 내려받아 활용해보세요.

교재로 단계를 높여가는 과정에서 다음의 3가지 활동을 시도해볼 수 있어요.

• **활동1. 워크북 쓰기**

《스마트 파닉스》와 같이 여러 권으로 나뉜 교재는 대부분 워크북을 따로 구매할 수 있습니다. 워크북을 통해 집중적으로 쓰기 활동을 할 수 있습니다.

• **활동2. 교재 사이트의 학습 자료로 쓰기**

대부분의 파닉스 교재는 교재 외에도 추가 학습 자료를 무료로 제공하고 있습니다. 출판사 사이트나 교재에서 소개하는 사이트에 가면 쓰기 활동을 할 수 있는 워크시트를 출력해서 활용할 수 있어요.

• **활동3. 영어 노트에 단어 쓰기**

워크북이 부담스럽거나 자료를 추가로 출력하기가 어려울 때는 영어 공책을 한 권 준비하면 됩니다. 배운 단어를 한두 번씩만 예쁘게 써 보는 연습을 하면 좋습니다.

파닉스 단계의 쓰기 활동에서 주의할 부분은 단어의 스펠링과 뜻까지 완벽하게 암기하게 하지 말아야 한다는 것입니다. 단어를 보고 읽을 수 있도록 하고 단어를 써보는 활동에 천천히 익숙해지는 것이 핵심입니다. 이 단계에서부터 단어 스펠링을 꼼꼼하게 다 암기하고 뜻까지 외우려다 보면 앞으로 나아가기가 어려워 아이도 엄마도 모두 지치게 됩니다.

④ 스토리와 노래로 복습하기

쓰기 활동을 열심히 했다면, 스토리나 노래를 들으면서 혹은 관련 게임을 하면서 긴장감을 해소하면 좋습니다. 그날그날 학습의 마무리는 즐겁게 해주세요. 파닉스 교재를 활용하지 않으면, 구글 이미지에서 'phonics stories' 'phonics poems'를 검색하면 자료를 쉽게 찾을 수 있어요. 예를 들어, 이중모음 'ai'를 학습했다면, 'ai stories' 'ai poems'라고 치면 해당 파닉스로 구성된 이야기나 시가 많이 나옵니다.

〈파닉스 스토리와 노래〉

English Singsing - Phonics: Story & Word Song
알파벳 A부터 Z까지 소리를 학습하고 나서 복습으로 들어볼 수 있는 스토리, 노래, 랩까지 제공하는 파닉스 영상 목록입니다.

하루에 얼마나 공부할지 아이와 함께 계획을 세우고 이를 조금씩 실천하는 습관을 먼저 잡아주세요. 이 과정이 자기주도학습의 첫걸음입니다. 그리고 1회 학습 시간은 30~40분 정도로 맞춰주세요. 만일 처음에 집중하기 힘들어한다면 10~20분으로 시작해서 늘려가도 좋습니다. 50분 이상 수업을 하다 보니 아무리 재밌게 수업을 해도 끝날

무렵 아이들의 집중력이 떨어져 있는 경우가 많아요.

집에서 학습 시 가능하면 30~40분 안에 들어보고 읽어보고 써보고 복습 영상도 보고 게임도 해보면서 다양한 활동을 하면 지루하지 않게 학습을 잘해낼 수 있어요. 그리고 가장 효과적인 동기부여는 아이가 스스로 내가 점점 영어를 읽을 수 있다는 성취감을 맛보는 것입니다. 단어 하나를 듣고 읽더라도 감탄사도 날려주고, 하이파이브도 해주고, 정말 잘하고 있고 앞으로 더 잘할 수 있을 것 같다고 격려를 많이 해주세요.

단계2. 리더스북 단계의 쓰기

파닉스 학습이 어느 정도 마무리되면, 읽기 훈련을 본격적으로 시작하게 됩니다. 다시 말하지만, 파닉스 학습을 완벽하게 해야만 책 읽기로 넘어가는 것은 아닙니다. 영어 학원에서 신입생 상담을 할 때 놀라는 경우가 있어요. 1년 동안 파닉스만 공부했는데, 영어 학원 테스트만 보면 파닉스 배우는 반에 배정이 된다는 것이에요. 사실 학습 방법이 잘못된 것일 수도 있고 어쩌면 아이가 언어적인 이해가 조금 느린 것일 수도 있습니다. 하지만 보통 파닉스 학습은 최대한 집중도 있게 하며 길어도 6개월 이내로 진행하기를 권합니다. 그 이후에도 덜 완성된 부분은 읽기 훈련을 통해 천천히 채워갈 수 있도록 해주세요.

읽기 훈련을 본격적으로 시작하게 되면, 리더스북을 활용하게 됩니다. 그림책도 좋고 리더스북도 좋아요. 책을 읽기 시작할 때 단어 쓰기를 자연스럽게 연결해주면 좋습니다. 다음과 같은 단계로 단어 쓰기를 시도해보세요.

① 한두 페이지 정도만 읽어보도록 합니다.

음원을 듣기 전에 문자만 보고 소리를 내어 읽게 합니다. 아이의 파닉스 실력을 점검해볼 수 있어요. 이때 시험을 보는 것처럼 지켜보기보다는 엄마와 함께 읽어보려고 시도해보세요. 학원에서 레벨테스트를 하면 긴장해서 평소에 읽던 것도 못 읽는 아이들이 많아요. 내가 잘못 읽어도 혼나지 않는다는 생각이 들도록 아이의 마음을 꼭 편안하게 해주세요.

② 읽은 페이지의 음원을 듣습니다.

- **집중듣기**: 듣는 부분을 손가락으로 짚을 수 있게 해주세요.
- **섀도잉**: 음원을 듣고(듣기) 문자를 보면서(읽기) 따라 말합니다(말하기).

③ 나만의 그림 단어장을 만들어봅니다.

오늘 읽은 책의 범위에서 새로 등장하거나 알게 된 단어를 5개 이내로 골라봅니다. 그 단어를 나타내는 그림을 그려 나만의 영어 단어장을 만들어봅니다. 이때 그림을 그리는 시간을 30초 이내로 제한해주세요. 그러지 않으면, 아이는 그림 그리는 데에만 온 열정을 다 쏟아

부을지도 몰라요. 단어를 쓸 때는 큰 소리로 읽도록 합니다. 단어장의
단어들이 제법 모이면, 아이가 그린 그림만 보고 영어 단어를 맞히는
게임을 할 수 있어요.

〈나만의 그림 단어장의 예〉

2

스펠링을 자주 틀리는
아이를 위한 코칭

Dir Mom,

Mom! You are butiful.

And I like your food. I luv you so much.

엄마에게,/ 엄마는 아름다워요./ 전 엄마 음식이 좋아요. 많이 사랑

해요.

[학생의 의도에 맞게 일부 변형하여 번역하였습니다]

처음 영어 글쓰기를 지도했을 때에는 아이들의 스펠링 실수가 가장 먼저 눈에 들어왔습니다. 실수할 때마다 빨간펜으로 바로잡아주고 다시 반복해서 꼭 암기하게 했어요. 아직 학생이 문장을 다 쓰지도 않았는데 중간에 틀린 게 보이면 바로 고쳐주었지요. 그리고 반복적으로 스펠링 실수를 하는 친구들은 별도로 테스트를 보고 나서 100점을 맞아야 집에 보내주었어요.

나쁜 의도도 아니었고 무조건 잘못된 방법도 아니었어요. 그때 당시에는 아이들의 스펠링 실수가 줄어들었어요. 꼼꼼하게 지도해주신다고 어머님들도 참 좋아하셨죠. 하지만 얼마 지나지 않아 초등 1학년이었던 아이들은 영어 단어 외우기가 세상에서 제일 싫다고 하더군요. 저도 당시 초보 선생님이라 빈대를 잡으려다가 초가삼간을 태웠다고 할 수 있겠죠. 그때를 생각하면 아직도 아이들에게 미안한 마음이 듭니다.

앞의 글을 쓴 아이는 머릿속에 떠오르는 소리를 문자로 표현하려고 노력한 것입니다. 이렇게 언어의 소리를 떠올려서 문자로 연결하여 표현하는 것을 인벤티브 스펠링(inventive spelling) 혹은 인벤티드 스펠링(invented spelling)이라고 합니다. inventive는 '창의적이고 독창적인'이라는 뜻이고, invented는 '없는 것을 만들어내는'이라는 의미를 담고 있어요. 즉, 아이 스스로 단어의 소리를 통해 스펠링을 직접 추측해내는 철자법이라는 뜻입니다.

아이의 스펠링 실수를 바로 지적하고 고쳐주는 것이 아니라, 왜 이렇게 썼는지 먼저 물어봐야 했던 겁니다. 문자와 소리의 관계를 배우는 파닉스 학습을 열심히 했다고 칭찬해줬다면 더욱 좋았을 겁니다. 아이들이 스펠링을 배우는 과정에서 이렇게 스펠링을 스스로 떠올려볼 수 있도록 많은 기회를 주고 격려해주세요.

만약 아이가 '짓다'라는 뜻을 가진 단어 build를 bild라고 잘못 썼다면, 우선 썼다는 자체를 칭찬해줍니다. 그런 다음 올바른 스펠링을 꼭 알려주고 싶다면 스스로 다시 생각해보도록 유도하는 것이 좋습니다. 사실 바로 알려주면 가르치는 사람도 배우는 사람에게도 그 순간은 더 편합니다. 하지만 쉽고 편하게 배우면 더 빨리 잊어버리는 경우가 많습니다. 소리를 듣고 스펠링을 같이 떠올리는 과정에서 소리와 문자를 연결하는 힘을 기를 뿐 아니라 모르는 것에 대해 한 번 더 생각해볼 수 있게 하는 것입니다.

엄마: 딱 하나 빠진 글자가 있네, 뭘까?

아이: (찾아본다)

엄마: 빌, 빌, 이 부분은 어떻게 쓸까?

아이: b, i, l?

엄마: 잘했어. 거의 맞았어. 거기에 u만 더 붙이면 돼. b, u, i, l. 그리고 '드' 소리가 나니까 뒤에 어떤 글자를 붙이지?

아이: d.

엄마: 그렇지 잘했어! 같이 읽어보자.

엄마와 아이: b, u, i, l, d, build(빌드).

영어의 특성상 모든 단어가 파닉스와 매칭되지는 않습니다. 대표적으로 사이트 워드가 있죠. 그런 경우에는 별도로 외워야 하지만, 최대한 소리와 연결해서 스펠링을 먼저 떠올려볼 수 있도록 합니다. 처음부터 틀린 철자를 매번 모두 다 완벽하게 고쳐주지 않아도 됩니다. 다만, 반복적으로 틀리는 스펠링은 바로잡아갈 수 있도록 해주세요.

처음부터
스펠링을 외우게 시켜야 할까요?

아이가 영어를 좋아해서 영어책도 읽어주고 영상도 보여주고 있습니다. 스펠링 암기는 흥미를 잃을까 봐 일부러 시키지 않았습니다. 그런데 주변을 보니 영어 유치원 다니는 5세, 6세 아이들은 스펠링 암기해서 단어 시험을 본다고 하네요. 아직 한글도 헷갈리는데, 영어 스펠링을 외우게 하는 게 맞는 건가 고민이 됩니다. 그냥 놔두면 알아서 외워질까요? 보통 언제쯤 스펠링 외워서 작문하게 해야 할까요?

주변을 둘러보니 혹시 우리 아이만 무엇을 안 하는 것이 아닐까 걱정되시죠? 그런데 많은 아이의 영어 글쓰기를 지도해본 제가 확실히 말씀드릴 수 있는 것은 완벽하지 않아도 영어로 간단한 글을 쓸 수 있을 정도의 수준이 되면 그때부터는 영어 실력보다는 생각하는 힘의 차이가 영어 글쓰기 능력을 좌우한다는 점입니다. 경험의 폭과 생각의 깊이에서 나오는 독창성이 글에 담겨 있는지가 중요해지는 것이지요.

영어 실력은 문법, 단어, 표현, 형식을 계속 가르쳐주면 배우고 적용하면서 성장해갑니다. 그런데 아이의 생각하는 힘은 선생님이 단숨에 가르쳐서 되는 영역이 아닙니다. 즉, 어려서부터 힘써온 한국어, 영어 독서가 영어 글쓰기를 위한 가장 중요한 밑거름이라는 것입니다. 영어라는 언어에서도 그렇습니다. 영어책을 통해 아이들은 단어와 표현에 계속 노출됩니다. 다양한 책을 반복적으로 읽다 보면 자연스럽게 단어와 스펠링이 익숙해집니다. 습득되는 과정이죠. 거듭 강조하지만, 다독을 통해 우연히 반복적으로 단어들과 꾸준히 만나는 것이 최고의 학습법입니다.

그럼 따로 단어를 스펠링까지 외우게 하지 않고 영어책만 쭉 읽히면 되는 걸까요? 영어책 읽기가 가장 중요한 근간이 되는 것은 맞습니다. 하지만 초등학교 저학년 때부터 스펠링을 포함한 단어 암기를 영어책 읽기에 더해 조금씩 시작하는 것을 권합니다. 물론, 처음부터 깜지를 써가면서 완벽하게 실수 없이 써내는 연습을 거듭해야 한다는 것은 아닙니다. 하지만 단어를 보고 발음, 의미, 철자 삼박자를 갖춰 외우고 활용할 수 있기까지는 분명 많은 시간과 노력이 듭니다. 또한, 우리는 영어를 외국어로 학습하는 EFL(English as Foreign Language) 환경에 있어요. 그래서 초등학교 저학년부터 천천히 재밌게 단어를 쓰고 외우는 것을 시작하도록 해주면 좋습니다. 다만, 이때에는 독해를 위해 높은 수준의 어휘를 많이 암기하는 것보다 초등 필수어휘 수준의 단어를 꾸준히 암기하며 실제 말하기, 쓰기에 활용할 수 있는 능력을 기르는 것이 더 중요하다는 것을 기억해주세요.

갓 1학년이 된 효준이는 열심히 공부하는 만큼 스트레스가 많은 아이였습니다. 예전에 형을 지도했었기 때문에 어머님이 굉장히 엄격한 분이란 것은 알고 있었어요. 그런데 효준이는 엄마가 100점 못 맞으면 혼낸다면서 스펠링 하나라도 틀리면 울면서 시험지를 찢어버렸습니다. 울다가 화가 났는지 더 크게 소리를 지르면 수업을 진행할 수 없는 상황에까지 이르곤 했지요. 아직 어린 아이들이 단어 시험 때문에 스트레스를 심하게 받는 것은 무척 안타까운 일입니다. 이제 영어 공부를 시작하는 단계인데, 영어를 무섭게 생각하여 거부감을 느끼게 되거든요.

사실 무엇이든 간에 중도를 지키는 것이 참 어렵습니다. 어머님이 교육열이 매우 높으셨어요. 항상 100점을 목표로 해야 90점이라도 맞을 수 있다고 하셨는데, 그 마음은 충분히 이해합니다. 그런데 특히 이 시기에는 스펠링을 잘 외워서 단어 시험 100점 받는 것보다 아이의 정서가 훨씬 더 중요합니다. 스펠링 암기를 시작할 때에는 조금 실수해도 "괜찮아, 이 부분만 다시 쓰면 돼." 하고 용기를 주세요. 실제로 저학년 때 스펠링을 완벽하게 외우지 않아도, 자꾸 반복적으로 단어를 접하고 쓰다 보면 학년이 올라가면서 자연스럽게 좋아지는 경우가 정말 많습니다.

곧 6학년이 될 현민이는 신입생으로 상담을 받으러 왔어요. 어릴 때는 영어로 재밌게 놀다가 갑자기 공부하라고 하니 흥미를 잃었다고 합니다. 영어에 노출시키기는 했는데 아이가 스트레스를 받을까 봐 학습을 제대로 시키지 않으셨대요. 그런데 너무 시기가 늦어진 것 같아 고민이라며 학원을 찾으셨어요. 다행히 듣기와 읽기는 기본적인 실력이 되는데, 아주 쉬운 단어를 잘 쓰지 못하는 게 문제였어요. 예를 들어, bread(빵)를 bred, people(사람)을 piple이라고 쓰는 식이었습니다. 학년도 있고 본인도 급한 마음이 들었는지, 단어를 많이 외우게끔 해 주었더니 다행히 따라오는 속도가 빨랐어요. 다만, 더 낮은 학년의 친구들과 한 반에서 공부해야 한다는 것 때문이었는지 자기는 영어 못하는 아이라며 많이 속상해하고 적응하는 데 어려움을 겪었습니다.

영어 학습에서 지나치게 앞서갈 필요는 없습니다. 하지만 또 시기를 너무 늦추면 현민이처럼 오히려 친구들과 비교해서 위축되거나 부족한 부분을 채워야 하므로 학습량을 갑자기 늘려야 하는 일이 생깁니다. 따라서 초등 필수어휘 정도는 듣고 읽고 스펠링에 맞게 쓸 수 있을 만큼을 목표로 하는 것이 좋겠습니다.

재미있는
스펠링 학습법

스펠링 학습을 해야 하는 것은 알겠는데, 막상 시작하려면 어떻게 시작해야 할까 고민이 될 수 있어요. 제가 시도했던 방법 중 아이들의 반응이 가장 좋았던 것들을 소개합니다.

물론 아이마다 선호하는 방법이 다를 수 있어요. 하나씩 시도해보면서 우리 아이에게 잘 맞는 방법을 찬찬히 찾아보세요. 그리고 꼭 소개한 내용이 아니더라도 자신만의 학습법을 생각해보고 시도해보는 것도 좋습니다

나의 영어 이름 쓰기

영어 이름이 있다면, 영어 이름을 소지품이나 스티커에 직접 적어 봅니다. 아직 영어 이름이 없다면, 마음에 드는 영어 이름을 하나 골라 보거나 한글 이름을 영어로 바꿔봅니다. 실제로 영어권 국가에서도 스펠링 학습을 시작할 때, 자신의 이름 쓰기부터 시작하는 경우가 많습니다. 엄마나 아빠의 영어 이름을 알려주고, 노트나 소지품에 쓸 수 있게 해주셔도 좋습니다. 한글 이름을 영어로 바꿀 경우 먼저 혼자서 바꿔보고 나서, 영어 이름 변환기로 확인해볼 수 있어요. 네이버에서 '영어이름변환기'를 검색해서 사용할 수 있습니다.

스펠링 게임

① 받아쓰기 게임

아빠가 단어를 불러주거나 음원을 들려줍니다. 엄마와 아이가 받아쓰기합니다. 해당 단어의 스펠링을 더 정확하게 많이 쓴 사람의 승리. 이때, 부모님이 살짝 실수하는 재치를 발휘해도 좋습니다. 아이가 틀린 스펠링을 바르게 고쳐줄 때 감탄하는 눈빛을 보이면 됩니다.

② 행맨 게임

첫째, 엄마가 마음속으로 단어 하나를 고릅니다. 예를 들어, 엄마가

고른 단어가 eight라면, 철자에 맞춰 빈칸 5개
를 만들어줍니다. 그리고 교수대를 그려주세요.

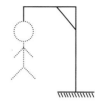

_e_ _____ _____ _h_ _____

둘째, 아이가 엄마 마음속 단어의 스펠링을 추측합니다.

셋째, 아이가 추측한 알파벳이 실제 단어에 들어 있으면 적어주고,
그렇지 않으면 교수대에 사람을 한 획씩 그립니다.

넷째, 행맨(hangman)이 완성되기 전에 단어를 맞히면 성공! 그렇지
않고 행맨이 완성되면 실패!

행맨 게임 하는 방법을 자세히 설명해주는 영상입니다. 영상의 47초부터 게
임 방법을 본격적으로 설명해주니 참고하세요.

---

③ 스펠링비 게임

스펠링비(Spelling Bee)는 미국에서 초등학생, 중학생 아이들이 참
가하는 철자 말하기 대회입니다. 말하기 시험의 경우 출제자가 읽는
영어 단어를 듣고 철자를 맞히는 방식으로 진행합니다. 많은 영어 학
원에서 이벤트로 스펠링비 대회를 진행하기도 하는데, 집에서도 간단
히 해볼 수 있습니다.

예를 들어, excellent(멋진) 단어를 들려줍니다. 아이가 듣고 나서 e/
x/ c/ e/ l/ l/ e/ n/ t 한 글자씩 이야기할 수 있도록 합니다. 더 재미있

는 방법은 엄마나 아빠와 함께 번갈아 가면서 말해보는 것이죠.

아이: e.

엄마: x.

아이: c.

엄마: i였던가?

아이: e예요.

엄마: e.

아이: l.

…

엄마, 아이: excellent 완성!

 Akash라는 친구가 실제로 스펠링비 대회에 도전해 우승하는 영상입니다. 스펠링비 대회가 어떻게 진행되는지 볼 수 있으며, 스펠링 천재라고 불리는 Akash의 놀라운 실력을 확인할 수 있어요.

나만의 영단어 워크시트 만들기

사실 영어 스펠링을 많이 보고 여러 번 쓰는 것이 중요한데, 문제는 아이들이 금방 지루해한다는 것입니다. 그럴 때, 나만의 맞춤 워크시트를 활용해볼 수 있어요. 가능하면, 아이가 직접 과정에 참여할 수 있게 해주세요. 만드는 과정에서부터 단어를 학습할 수 있습니다. 또한, 아이가 직접 만든 자료라서 더 애정을 가질 수 있거든요. 스펠링을 자주 틀리는 단어 혹은 영어 단어장이나 리딩 학습을 통해 모아둔 단어를 활용하면 좋습니다.

〈나만의 영단어 워크시트 만들기〉

Worksheet Works.com

영단어 따라 쓰기 워크시트를 만들 수 있는 사이트예요. 원하는 단어나 문장을 입력하면, 자동으로 워크시트가 생성되고 출력해서 활용할 수 있어요.

❶ Text Size(글자 크기): 14포인트 이상 크게 잡아주세요.

❷ Text(단어): 학습할 단어들을 적어주세요. 이때, 한 줄 혹은 두 줄씩 띄워서 입력합니다.

❸ Paper Size(종이 크기): A4(210 × 297mm)

❹ Orientation(종이 방향): Tall(세로)과 Wide(가로) 중 원하는 종이 방향을 선택합니다.

❺ 하단의 [Create Worksheet] 버튼을 누르면 PDF파일이 생성됩니다.

❻ PDF파일 아이콘을 눌러 완성된 워크시트를 확인해주세요.

단어 앱 활용하기

같은 것을 하더라도 아이들이 조금이라도 더 흥미로워하는 방식의 학습법을 찾게 됩니다. 성인도 그렇지만 아이들도 스마트폰 사용하는 것을 참 좋아합니다. 처음부터 앱을 활용한 단어 학습만 하기보다는 다른 여러 가지 방식으로 공부하고 추가로 앱을 사용하는 것을 더 추천합니다.

〈스펠링 암기에 도움이 되는 앱〉

암기고래
강사가 직접 단어를 설명해주고 예문까지 확인해주는 장점이 있습니다. 한 챕터에 단어 10개씩 구성이 되어 부담 없이 학습할 수 있습니다. 여러 가지 테스트 방식 중에 '스펠링 입력하기'를 활용하면 철자를 주관식으로 입력할 수 있어 스펠링 학습에 특히 도움이 됩니다.

클래스카드
엄마가 직접 만들어서 활용할 수도 있고, 기본적으로 만들어져 있는 초등, 중등 영어 단어들을 활용할 수도 있습니다. 우선, 반복해서 암기합니다. 그런 다음 한글 뜻을 보거나 발음을 듣고 나서 스펠링을 테스트할 수 있습니다. 여러 가지 스펠링 중에서 선택할 수 있도록 해 영어 자판을 직접 입력하지 않아도 된다는 장점이 있습니다.

Spell It
동물, 신체, 색깔, 음식 등 주제별로 어휘들을 학습할 수 있어요. 단어의 발음과 스펠링을 듣고 입력할 수 있습니다. 계속해서 스펠링을 읽어주기 때문에, 스펠링에 익숙해지는 데에 도움이 됩니다.

나만의 그림 단어장 만들기

스펠링이 궁금한 단어들이 있을 때, 매번 생각하도록 유도하거나 고쳐주기가 어렵습니다. 그럴 때 스스로 사전을 찾아보고, 찾아본 단어를 단어장에 정리해둘 수 있습니다. 자연스럽게 사전 찾는 법을 터득할 수 있고, 첫 글자를 떠올려야 하므로 소리와 문자를 연결하는 파닉스 학습에도 도움이 됩니다.

예를 들어, 딸기라는 단어의 철자가 궁금하면, "딸기는 스트로베리니까 '스' 발음이 나네. s로 시작해서 '트' 발음이 나는 t가 나올 것 같아." 하고 추측하며 사전을 찾아볼 수 있겠죠. 그리고 strawberry라는 단어를 찾았다면, 나만의 그림 단어장의 'S' 부분에 간단한 그림과 같이 적어두는 것입니다. 나만의 그림 단어장을 한번 만들어놓으면, 엄마가 조금 더 편하다는 장점도 있어요. "영어사전에서 찾아서 듣고 네 그림 단어장에 써봐."라고 말씀해주시면 됩니다.

영어사전은 한영사전과 영영사전을 주로 활용하게 합니다. 한국어에 대응하는 영어 단어가 궁금한 경우 한영사전을 쓰면 되는데, 스마트폰을 이용해 온라인에서 간단하게 검색하게 합니다. 찾기 전에 재미와 창의성 계발을 위해서 먼저 영어로 어떻게 말할 것 같은지 추측하게 할 때도 있어요.

아이: 냉장고가 영어로 뭐예요?

엄마: 그러게, 네 생각에는 냉장고를 영어로 어떻게 말할 것 같니?

아이: Cold box? Ice box?

엄마: 오, 미국인들도 알아들을 것 같네. 진짜 단어가 뭔지 사전 한번 찾아볼래?

아이: (자기 추측이 맞는지 궁금해하며) 네, 검색해볼게요.

그러고 나서 찾은 단어를 영영사전에서 찾아볼 수 있게 합니다. 중고등학생들에게는 다른 과목과의 학습 시간 조절 때문에 영한사전을 쓰게 할 때가 많아요. 하지만 초등학생 때는 주로 그림이 함께 있는 영영사전 사용을 추천합니다. 주로 저학년 때, 영영사전을 처음 쓸 때는 엄마랑 같이 단어를 찾아보세요. 영어 스펠링을 활용해서 알파벳 순서에 따라 단어 찾는 법을 자연스럽게 배울 수 있습니다. 그 후에는 스스로 단어를 찾아서 사전을 읽고 이해할 수 있어요.

〈초등학생을 위한 영영사전〉

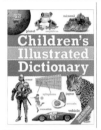

Children's Illustrated Dicationary (DK)

실제 사진과 생생한 그림이 많아서 흥미를 끕니다. 아이들이 영영사전을 처음 활용할 때 좋습니다. 다양한 그림을 보면서 단어를 직관적으로 배워갈 수 있다는 장점이 있지만, 단어에 관한 예시문이 조금 부족하다는 아쉬움도 있습니다.

Oxford First Thesaurus

어린이들을 위한 시소러스 사전으로 단어에 대한 설명과 함께 관련 단어, 동의어와 반의어를 포함하고 있어요. 그림과 예문이 잘 나와 있어 한 페이지씩 읽어보기에도 좋은 사전입니다.

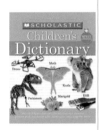

Scholastic Children's Dictionary

다양한 분야의 최신 용어까지 잘 설명된 어린이 영영사전입니다. 단어에 대한 설명이 자세히 나와 있고, 관련 예문까지 소개합니다. 다만, 880페이지로 구성되어 두껍고 전반적으로 난도가 조금 높은 편이라 고학년 학생에게 주로 추천합니다. 저학년의 경우 같은 출판사의 《Scholastic First Dictionary》를 활용해도 좋아요.

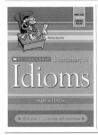

Scholastic Dictionary of Idioms

미국인들이 자주 사용하는 700개의 숙어를 실생활에서 사용하는 간단한 문장을 통해 익힐 수 있게 구성되었습니다. 하나씩 읽어서 활용해보면, 영어를 더 풍성하게 활용할 수 있어요.

5

영어 어휘력을 키우는 법 :
초등 저학년

영어 글쓰기의 가장 기본이 되는 재료는 단어입니다. 영어 문장을 하나의 아름다운 구슬 팔찌라고 상상해볼게요. 문장이라는 팔찌를 이루는 구슬 하나하나가 단어고, 그 구슬들을 엮어주는 실이 바로 영문법이 됩니다. 내가 고를 수 있는 다양하고 예쁜 구슬들이 있어야 다채로운 팔찌를 만들 수 있습니다. 다시 말해, 풍부한 어휘력이 좋은 문장의 바탕이 됩니다. 단어를 많이 알고 있으면 의사소통할 때 문법 능력이 조금 부족하더라도 어느 정도의 의미전달을 할 수 있습니다. 하지만 어휘력이 없으면 의미전달 자체가 되지 않죠.

그렇다면 풍부한 어휘력을 어떻게 기를 수 있을까요? 가장 이상적인 방법은 바로 영어책 읽기입니다. 모국어와 달리 외국어는 평소 의도적으로 듣고 읽으며 인풋을 해주어야 합니다. 그래서 엄마표 영어에서 듣기와 읽기가 차지하는 비중이 가장 큽니다. 반복해서 읽는 과정을 통해 단어가 자연스럽게 기억되는 것이 가장 좋은 학습법이지만, 초등 저학년 때부터 꼭 필요한 어휘들을 쓰고 암기하는 습관을 길러갈 수 있어요. 아이들이 집에서 쉽고 재밌게 단어를 학습하는 방법을 소개할게요.

방법1. 영어 단어 보물찾기

같은 내용을 공부하더라도 조금만 노력을 기울이면 아이가 흥미 있는 게임처럼 영어 단어를 배울 수 있습니다. 단어장이나 읽기 학습을 통해 배웠던 단어들을 포스트잇이나 작은 메모지에 옮겨 적습니다. 그 종이를 접어서 보물처럼 집 안 구석구석에 숨겨둡니다. 하나씩 찾을 때마다 뒷면에 똑같이 단어를 따라 적습니다. 시간을 정해두고 두 사람이 누가 더 많이 찾아서 많이 쓰는지 내기합니다.

방법2. 영어 단어 플래시 카드 활용하기

영어 학원 다니기 싫다는 아이들에게 이유를 물으면 한결같은 대답이 나옵니다. 영어 단어 시험이 정말 싫어서요. 그럴 때마다 저는 영어를 모국어로 쓰는 미국인과 영국인 친구들도 단어를 외우고 받아쓰기를 한다고 말해줍니다. 하지만 그러면서도 아이들이 재밌게 단어를 학습할 방법들을 찾아봅니다. 가장 반응이 좋고 학습 효과도 좋았던 것이 플래시 카드 학습법입니다. 집에서도 어렵지 않게 할 수 있어요.

사이트마다 조금씩 다르긴 하지만, 플래시 카드는 공통적인 주제로 다양한 단어를 제시하는 경우가 많습니다. 그래서 한 세트씩 학습하면, 해당 주제에 대해 다양한 어휘를 습득하는 데에 많은 도움이 됩니다.

〈플래시 카드 무료 자료 사이트〉

Super Simple
주제별, 영어 노래별로 여러 가지 단어를 학습할 수 있는 플래시 카드가 있고, 아이들이 좋아하는 색깔과 그림을 활용한 것이 특징입니다. 다양한 영어 노래 영상과 연결되어 있어서, 영어 노래를 듣고 나서 단어 학습 활동으로 자연스럽게 연결할 수 있습니다. 예를 들어, 'Do you like broccoli ice cream?'이라는 노래를 듣고, broccoli와 ice cream을 학습하는 식입니다.

Kids' Pages
주제별로 여러 단어를 학습할 수 있는 플래시 카드가 있고, 크기별로 출력할 수 있게 나와 있어요. 종류가 많아서, 학습자료로 충분하게 활용할 수 있습니다. 특히, 명사 외에도 일반동사(Action Verb)와 형용사(Adjective) 플래시 카드 활용을 추천합니다.

Kids Flashcards

생동감 있는 사진으로 구성되어서 활용도가 높습니다. [Download this set] 이라는 주황색 버튼을 누르고, 원하는 출력 크기를 선택하면 PDF로 바로 다운로드가 됩니다.

① 5초 단어 암기 게임

- 준비물: 플래시 카드, 종이, 연필

첫째, 플래시 카드에 나온 단어를 읽고 옆에 뜻을 적도록 합니다.

둘째, 플래시 카드를 뒤집어서 섞고, 하나씩 뽑아봅니다.

셋째, 뽑은 플래시 카드의 단어를 외울 5초의 시간을 줍니다.

넷째, 5초 뒤 플래시 카드를 다시 뒤집어놓은 후 종이에 외운 단어를 쓰고 읽으면 성공입니다.

부모님과 번갈아 가면서 계속 이어갑니다. 눈치채셨겠지만, 단어 학습에 5초라는 긴장감을 더한 것입니다. 그냥 단어를 주고 외우고 쓰라고 하면 아이들이 금방 지루해합니다. 조금 세심하게 재미 요소를 더해주고, 학습하면서 흥미를 이끌어주는 것이 포인트입니다.

② 할리갈리 단어 게임

-준비물: 플래시 카드, 종(선택), 연필

첫째, 같은 플래시 카드 두 세트를 준비합니다. A4 한 페이지에 플래시 카드 6~8장 정도 들어가게 출력한 후 잘라주세요.

둘째, 각자 플래시 카드의 단어를 읽고 옆에 뜻을 적도록 합니다.

셋째, 각자 플래시 카드를 섞고 번갈아 가면서 카드를 냅니다. 이때, 해당 카드의 단어를 크게 외칩니다.

넷째, 다음 사람이 낸 카드에 같은 단어가 나오면 종 혹은 책상을 칩니다.

③ 그림 그리기 게임

- 준비물: 플래시 카드, 종이, 연필

첫째, 플래시 카드의 단어를 읽고 그 옆에 뜻을 적도록 합니다.

둘째, 한 사람이 플래시 카드를 한 장씩 보고 그 단어에 해당하는 그림을 종이에 10초 안에 그립니다.

셋째, 다른 사람은 그 그림을 나타내는 단어를 종이에 씁니다.

넷째, 그림에 매칭되는 단어를 쓰면 성공입니다. 실패 시 해당 단어를 N번씩 노트에 적습니다.

이 3가지 게임 외에도 아이들에게 플래시 카드를 이용해 직접 게임을 만들어볼 기회를 주는 것도 좋습니다. 꼭 멋진 게임이라는 결과물을 만들지 못하더라도 괜찮습니다. 이 과정에서 자연스럽게 단어 학습과 더불어 창의성까지 배양할 수 있기 때문입니다.

6

영어 어휘력을 키우는 법 :
초등 고학년

초등 저학년 때 영어 단어 쓰기와 친해졌다면, 고학년 때에는 영어 단어를 실용적으로 활용하는 방법을 익혀갑니다. 이미 알고 있는 단어에서 확장한다든지, 더 생생하게 표현할 수 있는 단어로 바꾸어본다든지, 주제별 단어를 모아서 암기합니다.

그리고 다양한 워크시트를 활용한 학습 활동으로 이어서 어휘력을 키워갈 수 있습니다. 초등학교 때는 높은 수준의 단어를 많이 암기하는 것보다는 배운 단어를 다양하게 활용하고 확장해가면서 공부하는 시기라는 점을 다시 강조합니다.

첫째, 재미있게 읽은 책 중 한 권을 고릅니다.

둘째, 한 문장씩 읽으면서 바꿀 수 있는 단어를 모두 바꿔봅니다.

Biff **looked at** the wall paper. He found a **little dog**.

(비프는 벽지를 **쳐다보았습니다**. 그는 **작은 개**를 발견했습니다.)

→ Biff **saw** the wall paper. He found a **small puppy**.

(비프는 벽지를 **보았습니다**. 그는 **작은 강아지**를 발견했습니다.)

먼저, 스스로 충분히 생각해보고 시도해볼 기회를 주시고 나서 사전을 찾아볼 수 있게 해주면 좋습니다. 이때, 일반사전도 좋지만, 다음과 같은 유의어 사전을 활용하면 편리합니다.

〈온라인 무료 사전〉

Collins 사전

Thesaurus 검색창에서 단어를 검색하면, 여러 가지 유의어가 나옵니다. 단어가 의미하는 각각의 뜻에 따라 다른 유의어가 나오고, 발음을 바로 들어볼 수 있습니다.

Cambridge 사전

단어를 검색하면, 여러 가지 유의어가 나옵니다. 각각의 유의어가 쓰이는 예문까지 한 번에 볼 수 있어 예문을 통해 학습하고 싶을 때 유용합니다.

방법2. 살아 있는 동사로 바꾸기

영어 글쓰기 지도를 하다 보면 아이들이 습관적으로 항상 쓰는 단어만 활용해서 표현하는 경향이 있습니다. 영어 교육에서는 이렇게 흔하게 반복적으로 사용되는 동사를 죽은 동사(Dead Verb)라고 합니다. 이러한 동사 대신에 더 생생하게 의미를 전달할 수 있는 살아 있는 동사(Vivid Verb)를 사용할 것을 권장합니다. 영어는 똑같은 단어의 반복을 싫어한다고 설명해주고, 죽은 동사와 살아 있는 동사를 구분해서 활용할 수 있도록 알려줍니다. 그리고 가능하면 살아 있는 동사로 바꾸어 생생하게 표현할 수 있도록 훈련합니다.

- 평범한 문장

I **walked** home. Then, I **ate** a hamburger.

(나는 집으로 **걸어갔다**. 그리고 햄버거를 **먹었다**.)

- 생생한 문장

I **trudged** home. Then, I **gobbled up** a hamburger.

(나는 집으로 **터벅터벅 걸어갔다**. 그리고 햄버거를 **게걸스럽게 먹었다**.)

〈자주 활용할 수 있는 생생한 동사〉

죽은 동사	살아 있는 동사
go(가다)	head(특정 방향으로 가다), leave(떠나다), rush(서둘러 가다)
walk(걷다)	stroll(한가로이 거닐다), trudge(터덜터덜 걷다), stride(성큼성큼 걷다), toddle(아장아장 걷다), wander(정처 없이 거닐다), trot(빨리 걷다)
eat(먹다)	devour, gobble up, wolf down(게걸스럽게 먹다), pick at, nibble at(깨작거리며 먹다), snack(간단히 식사하다)
say(말하다)	whisper(속삭이다), brag(자랑하다), shout(소리치다), beg(간청하다), moan, groan(신음하다), grumble, whine(투덜거리다), complain(불평하다)
see(보다)	stare(빤히 쳐다보다), observe(관찰하다), glance(흘깃 보다), notice(알아차리다), glare(노려보다), peek(빨리 훔쳐보다), spot(발견하다)
like(좋아하다)	adore, love(아주 좋아하다), appreciate(고마워하다, 좋아하다), admire(감탄하다), enjoy(즐기다)
cry(울다)	sob(흐느끼다), whimper(훌쩍이다), weep(눈물 흘리다), blubber(엉엉 울다), whine, snivel(칭얼거리다), howl(울부짖다)
run(달리다)	dash(질주하다), scamper(날쌔게 움직이다), race(경주하다), gallop(전속력으로 달리다)
drink(마시다)	guzzle, gulp(벌컥벌컥 마시다), sip(홀짝이다, 조금씩 마시다)
laugh(웃다)	giggle, snicker, titter(킥킥거리다), grin(소리 없이 활짝 웃다), chuckle(빙긋 웃다), chortle(깔깔거리다), whoop(함성 지르다)

이 외에도 다른 단어들의 생생한 표현을 알고 싶다면, 구글에서 'vivid words for (검색어)'로 찾아볼 수 있습니다.

거듭 말하지만, 가장 효과적인 어휘 습득법은 어휘를 우연히 여러 번 발견하는 것입니다. 즉, 영어책을 많이 읽는 것이지요. 영어 독서량이 많은 아이는 자연스럽게 생생한 동사를 많이 접하게 됩니다. 특히 이야기가 있는 소설에서는 등장인물들의 행동이나 감정을 다채로운 어휘로 표현하기 때문입니다. 그렇다고 해서, 영어 원서를 읽으면서 모르는 모든 단어의 뜻을 완벽하게 다 찾아야 한다는 의미는 아닙니다. 영어책을 읽을 때, 외운 적은 없지만, 특정 단어가 다양한 문맥 속에서 반복해서 등장하면 익숙해지고 그 뜻을 유추하기가 더 쉽습니다. 나중에 비슷한 상황을 묘사할 때 그 단어가 떠올라서 쓰고 말할 수 있다면 금상첨화겠죠.

죽은 동사와 살아 있는 동사의 개념을 배운 친구들은 영어책을 읽을 때도 생생한 동사가 나오면 더욱 눈여겨봅니다. 아는 만큼 보이는 법이기 때문에, 영어 글쓰기를 하는 친구들은 읽기 학습에서의 흥미도 높아집니다.

영어 단어 기초 실력을 쌓는 과정에서 하나의 단어장을 반복해서 학습하는 것도 중요합니다. 하지만 더욱 풍부하고 다양한 어휘에 노출되기 위해서는 영어책과 더불어 여러 가지 다양한 영어 자료들을 접하는 것이 많은 도움이 됩니다.

　　영어 단어장에서 가장 좋아하는 단어 혹은 잘 외워지지 않는 단어를 선택합니다. 선택한 단어를 중심으로 연관 단어를 확장해봅니다. 영어 단어로 떠올려보고 떠오르지 않는 단어는 한글로 적어두었다가 사전을 찾아봅니다. 엄마, 아빠와 게임을 하듯이 하나씩 떠올려보면서 같이 그려볼 수 있어요.

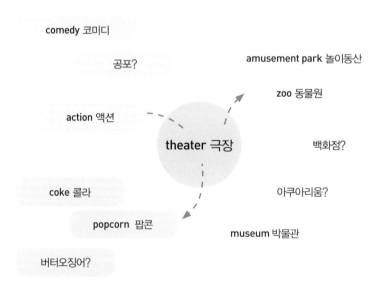

　　다양한 무료 워크시트를 활용해서 어휘를 학습할 수 있습니다. 사

실 안내해드리는 사이트 외에도 정말 방대한 워크시트들이 있습니다. 하지만 너무 많은 자료를 찾는 데 시간을 보내기보다는 아래의 추천 사이트를 꾸준히 활용하기를 권장합니다. 하나의 자료를 가지고도 여러 번 반복 학습을 하거나 여러 가지 방법으로 학습해보는 것이 훨씬 더 중요합니다.

〈풍부한 어휘를 위한 무료 워크시트〉

K5 Learning

사이트에 가면 학년별로 어휘 워크시트가 있습니다. 미국 학년 기준 Kindergarten(유치원생)부터 Grade 5(5학년)까지 레벨별로 다양하게 찾아볼 수 있어요. 답지가 필요한 워크시트는 답지도 같이 있어서 엄마표로도 부담 없이 활용할 수 있습니다.

7

효율적인
단어 암기 습관 만들기

학원에서는 보통 수업 시작하기 전에 단어 시험을 보았습니다. 단어 시험을 잘 못 보는 학생들은 재시험을 보거나 남아서 공부를 하고 가기로 되어 있었죠. 그런데 정말 신기하게도 시험에 통과하지 못하는 아이들은 늘 정해져 있었습니다. 그리고 시험은 잘 통과하지만, 막상 그 단어를 사용해야 할 때 단어를 전혀 기억하지 못하는 아이들이 참 많았습니다. 그래서 이런 친구들이 단어를 공부할 때 어떻게 암기하는지 유심히 지켜보았습니다. 이를 바탕으로 어떻게 해야 효율적인 단어 암기 습관을 가질 수 있는지 살펴보겠습니다.

많은 학생이 영어 단어를 암기한다면서 그냥 봅니다. 읽지도 않고 쓰지도 않고 영단어 책을 그저 응시합니다. 물론 단어 암기를 충분히 한 후에 점검하는 차원이라면 괜찮습니다. 하지만 단어를 처음 외우는 단계에서는 말하고 쓰는 과정이 필요합니다.

아이들은 핑계를 댑니다.

"저는 눈으로 봐야 잘 외워지는데요."

심지어 어떤 친구들은 학원 오는 길에 버스에서 보기만 해도 저절로 외워진다고 합니다. 물론 단기 기억력이 좋은 학생들은 이렇게 공부하고도 시험을 잘 보는 경우가 있어요. 하지만 이런 친구들이 오히려 더 위험합니다. 쉽게 얻은 건 쉽게 잃기 때문이죠. 눈으로만 쉽게 익힌 단어는 단기 기억 속에 머물다 사라집니다. 나중에 잘 들리지 않고, 읽어도 뜻이 기억나지 않습니다. 심지어 단어 모양만 기억했지, 엉터리로 읽어서 단어를 읽어주면 무슨 말인지 알아듣지 못합니다.

중학생 아이들과 듣기 수업을 하다가 깜짝 놀란 적이 있었어요. 듣기평가 모의고사를 풀이하고 있는데, '인물'이라는 뜻의 Character라는 단어가 전혀 안 들린다는 것입니다. 알고 보니 글자만 보고 [캐릭터]가 아니라 [차락터]라고 외웠다는 것입니다. 시험의 결과도 중요하지만, 우리 아이가 어떻게 단어를 외우고 있는지 잘 살펴보아야 합니다. 지금 당장 시험은 잘 볼 수 있어도, 실제 단어를 활용해야 할 때 필요한 실제적인 언어 실력으로 이어지지 못하기 때문입니다.

단어를 기계적으로 쓰지 않는다

　이렇게 눈으로만 보는 친구들이 생겨나자, 단어 쓰기를 숙제로 내주고 검사하게 되었습니다. 직접 쓰는 것은 손과 눈과 뇌를 모두 활용하는 활동이며, 장기 기억에 도움이 되기 때문에 쓰면서 외우게 하자는 취지였죠. 그러나 어느새 아이들에게는 너무 귀찮고 지겨운 숙제가 되어버렸습니다. 숙제 검사를 하면서 글씨 배열이 이상하다 느꼈는데, 알고 보니 빨리 쓰고 싶은 마음에 공장에서 찍어내듯이 단어를 썼다는 것입니다.

　'create(만들어내다, 창조하다)'라는 단어를 쓴다고 하면 ccccc 쓰고 rrrrr, eeeee 하는 식으로 써서 단어를 만들어냅니다. 빠르게 숙제할 수 있는 신기술을 개발한 듯이 서로 자랑스럽게 알려주는 것이었어요. 이 외에도 머리를 비우고 손을 빨리 돌려서 단어 쓰기 숙제를 끝내야 한다, 단어 쓰기는 너무 지루해서 시끄러운 노래를 듣거나 딴생각을 하면서 써야 한다, 이렇게 이야기하는 친구들이 많아서 단어 암기 습관을 다시 잡아주는 데에 큰 노력을 기울여야 했습니다. 이렇게 기계적인 숙제가 되어버리면 단어 쓰기는 그저 손노동에 지나지 않습니다.

자투리 시간을 활용해 반복해서 외운다

　영어 성적이 잘 나오지 않는 중고등학생들의 특징 중 하나는 자율 학습시간 내내 단어를 암기한다는 것입니다. 물론 그 자체가 문제는 아닙니다. 하지만 영어를 잘하는 아이들은 여유 시간에는 주로 영어 지문을 읽거나 문제를 푸는 고차원적인 사고 학습을 위주로 하고, 반복해서 암기하는 단어 학습은 틈틈이 짬을 내서 하는 경우가 많아요.

물론 단어 학습을 처음 시작하는 초등학생의 경우 집중적으로 단어를 공부하는 시간을 통해 제대로 공부하는 습관을 잡아가는 것도 중요합니다. 하지만 어느 정도 단어 공부가 자리 잡힌 후에도 영어 공부의 절반 이상을 단어 암기에만 몰입하게 하지 마세요. 예를 들어, 하루 3시간 영어 공부를 하는데 1시간 30분 이상 단어만 계속 외우고 있는 것은 그리 효율적인 공부법이 아닙니다.

처음에는 영어 단어 실력이 너무 부족해서 혹은 쓰기 자체에 시간이 걸려서 어쩔 수 없다 하더라도 단어 암기 시간을 점점 줄여가야 합니다. 가능한 한 짧은 시간 안에 집중해서 외워보고, 잘 안 외워지는 단어들은 다시 또 볼 수 있도록 합니다. 짧게 여러 번 반복해서 공부하는 것이 단어 학습에 훨씬 더 효과적입니다.

〈저학년을 위한 영어 단어 학습 교재 추천〉

Smart Start Sight Words K

사이트워드 단어를 직접 쓰면서 재밌게 활동할 수 있도록 구성된 교재로 파닉스를 공부하면서 부족한 사이트워드를 보충할 수 있습니다. 학습한 단어가 포함된 스토리를 읽고 들을 수 있으며, 배운 단어 리스트를 잘라서 넘기면서 복습할 수 있습니다.

Wordly Wise 3000

플래시 카드처럼 시각화해서 단어를 외우도록 구성된 교재입니다. 배울 단어가 들어간 스토리를 듣는 것으로 시작해 듣기와 단어 학습이 자연스럽게 연계됩니다. 배운 단어를 활용해 문장 만들기까지 도전할 수 있습니다.

하루 한 장 English Bite 초등 영단어

본격적으로 많은 단어를 암기하기 전에 워밍업으로 시작해서 부담 없이 꾸준히 이어갈 수 있는 교재입니다. 파닉스 마무리 단계부터 활용하기 좋습니다. QR코드를 찍으면 따라 하기 활동과 정답지까지 볼 수 있고, 3학년부터 6학년까지 시리즈로 이어갈 수 있어 집에서 활용하기 좋습니다.

〈고학년을 위한 영어 단어 학습 교재〉

단어가 읽기다

교과서를 기반으로 쓰인 교재로 초등 필수 단어를 학습할 수 있습니다. 배운 단어가 들어간 읽기 활동을 연계해 문맥 속에서 자연스럽게 복습이 됩니다. 쓰기 훈련 노트로 충분히 써볼 수 있고, 혼자서도 공부할 수 있도록 구성되었습니다.

Word master 중등기초

초등 필수 어휘와 중등대비 어휘가 같이 수록되어 있어 중등 선행을 원하는 고학년 학생에게 적합합니다. 간단하게 단어 위주로 구성되어 부담 없이 학습하기 좋으나 쓰기 활동이 따로 없으므로 가능하면 노트에 쓰면서 학습할 것을 권합니다.

CHAPTER 4.

영어 글쓰기 시작

문장 쓰기

목표: 기초 영어 문장을 스스로 만들어 쓸 수 있다.

영어 글쓰기의 핵심,
문장의 뼈대 잡기

본격적으로 영어 글쓰기를 시작하는 단계는 문장 쓰기입니다. 아이들이 문장 쓰기 단계를 잘 거치게 되면 영어로 쓸 수 있다는 자신감이 생깁니다. 문장 쓰기 연습 단계를 쉽고 재밌고 충분하게 거치는 것이 정말 중요합니다.

읽기를 통해 다양한 문장을 많이 접하게 되면 문장에 대한 감각이 생깁니다. 그리고 이러한 감각은 잘 쓰는 힘으로 연결됩니다. 하지만 나의 문장을 직접 만들어 쓰기 위해서는 기본적인 문법과 어순에 대한 이해가 꼭 필요합니다. 이때의 문법은 문법 용어나 문제 풀이보다는 잘 쓰기 위해 꼭 알아야 할 문법들을 조금씩 알려주고 바로 적용할 수 있게 해주세요.

영어 문장의 뼈대는 주어와 동사입니다. 뼈대가 튼튼해야 점차 살을 붙여가면서 좋은 문장들을 만들어갈 수 있어요. 함께 뼈대를 잡아 보겠습니다.

기초 문장 만들기 연습: 주어 + 일반동사

For example, say "I love you."
Last, good face and together work.

예를 들어, 우리는 "나는 너를 사랑해"라고 말한다./ 마지막으로, 우리는 밝은 표정으로 함께 일한다.

[학생의 의도에 맞게 일부 변형하여 번역하였습니다]

주어와 동사의 개념이 잡히지 않은 친구들은 위와 같이 주어를 빠트리거나 생각나는 단어를 나열하는 식으로 문장을 쓰는 경향이 있습니다. 아이들이 영어로 말할 때는 최대한 지적하지 않고 아이가 하고자 하는 말을 잘 들어줍니다. 내가 영어로 무언가를 말하려고 시도했을 때, 상대가 알아듣고 반응하면 기쁘거든요. 특히 원어민 선생님들은 학생들이 유창하게 말할 기회를 주려고 일부러 고쳐주지 않는 경우가 많아요. 그래서 영어 글쓰기를 통해 아웃풋의 정확성을 길러가면 유창함과 정확성의 균형을 맞출 수 있습니다.

처음 시작할 때에는 더욱 쉽게 접근할 수 있도록 문장의 개념을 단순화합니다.

"영어 문장은 '주어 + 동사'로 이루어진단다.
주어는 문장의 주인으로 '누가'에 해당하지.
동사는 '~하다'에 해당한다고 볼 수 있어."

이렇게 영어 문장은 '누가 + ~하다', 즉 주어와 동사를 넣어 만들 수 있다는 것을 먼저 알려줍니다. 이때 주어와 동사를 각각 표시해주는 도형과 색깔을 정해주면, 아이들이 문장 구조를 훨씬 더 쉽게 이해할 수 있어요. 이 책에서는 주어를 하늘색 동그라미로, 동사를 보라색 세모로 표시해보겠습니다.

아이에게 가장 좋아하는 일반동사를 하나 고르게 한 뒤 다음과 같이 주어만 바꿔가면서 연습합니다.

주어	동사	뜻
I		나는 먹다.
You		너(희)는 먹다.
We	eat	우리는 먹다.
They		그들은 먹다.
He		그는 먹다.
She	eats	그녀는 먹다.
It		그것은 먹다.

그, 그녀, 그것(He, She, It), 남자 한 명, 여자 한 명, 사물이나 동물 하나를 나타낼 때는 일반동사 뒤에 's'를 붙인다는 것을 자연

릴리TV 강의
3인칭 단수

스럽게 설명해줄 수 있어요. 처음부터 문법을 하나하나 상세하게 설명해주기보다는 이런 규칙이 있다 정도로 언급해주세요. 사실 아이들이 3인칭 단수 개념은 알아도 계속 많이 틀리거든요. 그때마다 어떤 규칙이 있었는지 스스로 생각해보게 하면서 고쳐나갑니다. 즉, 시작 단계에서는 문장이 주어와 동사로 이루어진다는 것을 인지하는 것이 더 중요합니다.

다양한 일반동사를 활용해서 '주어+동사' 문장을 많이 만들어볼 수 있도록 해주세요. 아이들을 지도할 때 'Who + Action'을 정말 많이 강조했어요. 제가 "Who?" 하면 아이들이 "Action" 하고 대답합니다.

제가 "Who? Lily teacher(누가? 릴리 선생님이)" 하면 "Action, eats(일반동사, 먹는다)"라고 바로 입에서 나올 정도로 많이 훈련했어요.

아래의 '일반동사 학습자료'를 활용하면 재미있게 공부해볼 수 있습니다. 동그라미와 세모를 먼저 그리고 그 안에 주어와 일반동사를 넣어보세요. 아이가 스스로 일반동사를 고르고 찾아보면서 '주어+동사'에 맞게 문장을 만들어보게 합니다. 문장 개념을 잡으면서 자연스럽게 단어 학습까지 할 수 있습니다. 엄마나 아빠와 함께 마음에 드는 일반동사를 골라가며 한 문장씩 만들어보세요.

〈일반동사 학습자료〉

핀터레스트(Pinterest)

‣ 검색어: action verbs

다양한 일반동사를 커다란 포스터로 제공하는 자료입니다. 단어의 운동성을 표현하는 간단한 그림을 함께 제공해주어 아이들에게 설명해주기도, 아이들이 이해하기도 좋습니다.

기초 문장 만들기 연습: 주어 + Be동사

So, we happy.

그래서 우리는 행복하다.

[학생의 의도에 맞게 일부 변형하여 번역하였습니다]

영어를 말하고 쓸 때 가장 중심이 되는 문장 성분이 동사입니다. 주어에 따라 시제에 따라 계속 동사의 형태가 변하기 때문에 헷갈리거든요. 그런데 많은 학생이 습관처럼 가장 많이 쓰지만, 개념을 잘 모르고 쓰는 것이 바로 Be동사입니다.

앞의 예시 문장처럼 Be동사를 꼭 써야 할 자리에 쓰지 않는 경우도 비일비재합니다. 그래서 문장을 처음 만드는 단계에서 Be동사의 형태와 뜻을 알려주는 것이 중요합니다.

 릴리TV 강의
Be동사의
변화

① Be동사의 형태 익히기

주어	Be동사
I	am
You	are
We	
They	
He	is
She	
It	

주어에 따라 정해져 있는 Be동사를 잘 연결하여 쓸 수 있도록 충분히 연습합니다. 그런 다음 가볍게 게임처럼 연습을 더 해볼 수 있어요.

엄마: I.

아이: am.

엄마: You.

아이: are.

엄마: 이번엔 바꿔서?

아이: He.

엄마: is.

아이: They.

엄마: is.

아이: 땡! They are.

② Be동사의 쓰임 익히기

사실 주어에 맞는 Be동사 쓰기는 아이
들이 비교적 빠르게 잘 외우는 편이에요.
그런데 Be동사를 언제 어떻게 쓰는지 개념
이 명확하지 않은 경우가 정말 많습니다. 그래서 Be동사의 3가지 뜻,
다른 쓰임을 하나씩 익히고 문장을 만들어보도록 합니다.

릴리TV 강의
Be동사의 뜻

Be동사를 공부할 때에는 일반동사와 비교해서 함께 보면 좋습니
다. 처음 문장 쓰기 단계에서 학생들이 가장 헷갈리는 부분 중 하나는
Be동사와 일반동사의 쓰임을 구분하는 것이거든요. 그러므로 Be동사
에 공을 많이 들여놓으면, 나중에 글을 쓸 때 문법적인 실수를 많이 줄
일 수 있어요.

• Be동사의 첫 번째 뜻: ~에 있다.

주어와 Be동사 뒤에 장소가 오면, 그 장소에 주어가 '있다'라는 뜻이죠. '~에 있다'라는 Be동사의 뜻을 활용해서 간단한 문장 만들기 연습을 합니다.

주어	Be 동사	어디에	뜻
I	am		나는 | 있다 | 집에
You			너(희)는 | 있다 | 집에
We	are		우리는 | 있다 | 집에
They		at home.	그들은 | 있다 | 집에
He	is		그는 | 있다 | 집에
She			그녀는 | 있다 | 집에

마찬가지로 도형을 먼저 그리고, 해당하는 문장 성분에 맞게 쓰는 연습을 합니다. 위의 기본 인칭으로 연습이 충분히 되고 나면, 도형만 그려도 '~에 있다'라는 뜻을 가진 문장을 만들어낼 수 있어요. 도형을 이용하는 문장 만들기 연습은 '릴리TV 문법 강의'를 보시면 쉽게 이해할 수 있습니다. 뒤이어 나오는 표와 같이 주어를 '나'와 주변 사람으로 바꾸어가면서 문장을 만들어볼 수도 있어요. 이때, 다음의 '장소 학습자료'를 활용해 여러 가지 다른 장소를 넣어서 다양한 문장을 만들 수 있게 해주세요. 어휘력 확장에도 도움이 됩니다.

주어	Be동사	어디에	뜻
Mom	is		엄마는 | 있다 | 집에
Dad		at home.	아빠는 | 있다 | 집에
Hajun			하준이는 | 있다 | 집에
Hajun and I	are		하준이와 나는 | 있다 | 집에

또한, 상상력을 키워주기 위해 세상에 존재하지 않는 신기한 장소를 만들어 써볼 수 있습니다. 혹은 사전이나 구글의 도움을 받아 꼭 가보고 싶은 곳을 검색해볼 수도 있어요. 같은 패턴의 학습에 지루해졌다면, 창의적인 요소를 조금씩 더해보세요.

주어	Be동사	어디에	뜻
I	am	in the stomach of the Greenchila.	나는 그린칠라 배 속에 있다. *그린칠라: 상상의 동물
We	are	in the Fantastic Island.	우리는 환상의 섬에 있다. *환상의 섬: 상상의 장소

〈장소 학습자료〉

핀터레스트(Pinterest)
› 검색어: prepositions of place
Be동사 뒤에 나올 수 있는 장소들이 전치사별로 구분된 영어 학습자료입니다.

• Be동사의 두 번째 뜻: ~이다.

주어와 Be동사 뒤에 '무엇'이 오면, 주어가 무엇'이다'라는 뜻이죠. '~이다'라는 Be동사의 뜻을 활용해서 간단한 문장 만들기 연습을 합니다.

주어	Be동사	무엇	뜻
I	am	a singer.	나는 │ ~이다 │ 가수
You	are	a singer / singers.	너(희)는 │ ~이다 │ 가수(들)
We		singers.	우리는 │ ~이다 │ 가수들
They		singers.	그들은 │ ~이다 │ 가수들
He	is	a singer.	그는 │ ~이다 │ 가수
She			그녀는 │ ~이다 │ 가수
It			그것은 │ ~이다 │ 가수

한 명이나 하나일 때(단수)는 명사 앞에 관사 a를 붙여주고 여러 명일 때(복수)는 명사 뒤에 s를 붙여주기로 약속했다는 간단한 규칙을 알려줄 수 있습니다. 마찬가지로 꼭 문법을 완벽하게 알려주고 문제를 풀면서 연습하지 않아도 됩니다. 간단하게 규칙을 설명해주고 직접 써보면서 점차 익혀가도록 해주세요.

 릴리TV 강의
명사의
단수·복수

이때, 다음의 '다양한 직업 플래시 카드 학습자료'를 이용해서 다양한 직업을 넣어서 문장 연습을 재밌게 하도록 해주세요. 어휘력 확장과 다양한 직업 세계에 관심을 두는 데에도 도움이 됩니다.

주어	Be동사	무엇	뜻
I	am	a computer engineer.	나는 컴퓨터 엔지니어다.
He	is	a 3D printer architect.	그는 3D 프린터 건축가다.

〈다양한 직업 플래시 카드 학습자료〉

Free flash cards for kindergarten

초록색 버튼을 누르면 직업에 관한 플래시 카드가 나오고 분홍색 버튼을 누르면 여러 가지 직업을 한 번에 볼 수 있는 파일이 나옵니다. 여러 명의 아이를 지도할 때는 한 번에 볼 수 있는 파일을, 아이와 단둘이 학습하거나 소수의 경우에는 플래시 카드를 활용해볼 수 있어요. 카드를 뒤집은 다음 뽑아서 나오는 직업으로 글 써보기, 관심 있는 직업 찾아보기 등의 재미 요소를 더해보세요.

• **Be동사의 세 번째 뜻**: (상태, 마음) 어떠하다

주어와 Be동사 뒤에 형용사가 오면, 주어의 상태가 '어떠하다'라는 뜻이죠. 이처럼 마음이나 상태가 '~어떠하다'라는 Be동사의 뜻을 활용

해서 간단한 문장 만들기 연습을 합니다. 다음의 '감정 형용사 학습자료'를 활용해 기본적인 감정부터 섬세한 감정까지 다양한 감정을 문장으로 표현해볼 수 있어요.

주어	Be동사	어떠한	뜻
I	am		나는 기쁘다.
You			너(희)는 기쁘다.
We	are		우리는 기쁘다.
They		glad.	그들은 기쁘다.
He			그는 기쁘다.
She	is		그녀는 기쁘다.
It			그것은 기쁘다.

〈감정 형용사 학습자료〉

핀터레스트(Pinterest)
▸ **검색어: feeling words, emotion words**
사람의 감정에 관한 다양한 어휘가 그림으로 표현되어 있습니다. 모르는 단어의 경우에는 그림을 보고 추측해본 뒤, 사전을 찾아 확인한 후 문장에서 활용하면서 내 것으로 만드세요.

그리고 이때 아이들이 가장 많이 하는 실수가 있어요.

We are eat pizza together. (우리는 피자를 함께 먹는다.)

위의 문장처럼 Be동사와 일반동사를 나란히 쓰는 것입니다. Be동사가 올 자리가 아닌데, 말을 하거나 쓸 때 Be동사를 습관처럼 붙여 쓰는 아이들이 많아요. 그래서 한 문장에는 하나의 주어와 하나의 동사가 온다는 것을 강조해줍니다.

한 문장에서 Be동사와 일반동사는 둘 중에 하나만 올 수 있다는 규칙을 꼭 알려줍니다. 물론 여러 번 알려줘도 계속해서

릴리TV 강의
Be동사와
일반동사의 비교

실수하는 경우가 많아요. 그래도 이 규칙을 자꾸 되새길 수 있도록, 스스로 틀린 부분을 고쳐보게 하면 점점 실수가 줄어듭니다. 이렇게 5가지 기본 문장 도형(○, △, ☆, □, ♡)을 활용해서 문장의 기초를 만드는 힘을 길러주세요.

〈문장 만들기 워크시트 무료 다운로드〉

K5 Learning
문장을 따라 쓰고, 문장을 조합해보는 연습을 통해 문장 쓰기 훈련을 쉽게 시작할 수 있도록 구성된 워크시트입니다. 문장을 쓰고 나서 주어와 동사를 찾아보면 더욱 좋습니다.

〈문장 만들기 단계의 교재 추천〉

Scrambled Sentences 시리즈

〈PHONICS〉〈SIGHT WORDS〉〈WORD FAMILIES〉총 3권으로 구성되어 있습니다. 단어를 조합하여 문장을 만드는 과정을 연습할 수 있는 교재예요. 파닉스, 사이트워드를 이미 공부한 친구들이 문장 만들기 단계로 막 넘어갈 때 활용하면 좋습니다. 직접 오려서 붙이고 색칠하고 쓸 수 있어 아이들이 재밌어해요.

Writing Monster 시리즈

쉽고 간단한 문장 패턴을 하나씩 연습하도록 구성된 교재로 학원에서도 엄마표로도 많이 활용되고 있습니다. 관련한 다양한 어휘를 배운 후 자연스럽게 문장 쓰기로 연결할 수 있어요. 귀여운 캐릭터와 스티커가 있어서 아이들이 좋아합니다. 1, 2, 3권으로 나누어져 있어 단계별로 활용할 수 있어요.

2

문장 쓰기 기초,
문장부호 익히기

　　문장을 쓰기 시작할 때에는 기초적인 문법과 더불어 바른 문장부
호 사용법을 익히게 됩니다. 문장부호는 말할 때는 사용되지 않지만,
글에서는 꼭 필요한 요소이기 때문에 영어 글쓰기를 할 때 잘 익혀두
어야 합니다. 문장부호의 개념은 수학 공식처럼 복잡하거나 어렵지는
않아 아이들이 잘 이해합니다. 하지만 막상 활용할 때 빠트리는 경우
가 많죠. 그래서 한꺼번에 배우기보다는 한 번에 하나씩 알려주는 편
이 좋습니다. 예를 들어, 지난번에 마침표를 배웠다면, 이번에는 느낌
표를 알려주고 다음번에 물음표를 연습해보는 식입니다. 나중에 아이

가 직접 글을 쓴 후 스스로 교정하거나 부모님과 함께 틀린 부분을 찾아보도록 합니다.

① 마침표(미국 Period, 영국 Full stop)

마침표는 문장을 마칠 때 사용하며, 주로 평서문이나 명령문의 끝에 찍어줍니다. 미국에서는 Period라고 통용되며, 영국에서는 Full stop이라고 말해요. 똑같은 개념을 다른 어휘로 표현한 것이니 하나를 선택해서 사용하되, 둘 다 알아두면 됩니다.

Today is a wonderful day. (오늘은 멋진 날입니다.)
Sit down. (앉으시오.)

마침표를 찍는 것은 너무 당연해 보입니다. 하지만 막상 글쓰기 첨삭을 하다 보면, 마침표를 찍지 않는 것은 반드시 나오는 흔한 실수 중에 하나예요. 마침표를 써도 그만, 안 써도 그만이라고 생각하는 친구들이 꽤 있거든요. 그래서 구두점 훈련을 위해 마침표를 찍지 않으면 체크를 하고 감점을 합니다. 예를 들어, 빨간펜으로 마침표를 찍어야할 자리에 동그라미를 크게 쳐서 스스로 고쳐 쓰도록 합니다. 혹은 문장을 쓴 뒤 반드시 마침표를 찍고 나서 연필을 딱 내려놓는 훈련을 하는 시간을 갖기도 합니다. 마침표를 찍지 않으면 문장을 더 이어가겠다는 의미이므로, 한 문장이 끝났으면 반드시 끝났다는 표시를 해야한다고 알려주세요.

② **물음표(Question mark)**

물음표는 직접 물어보는 말의 끝에 주로 사용되며, 덧붙여 물어보는 부가의문문에도 활용됩니다.

What are you looking at? (무엇을 보고 있니?)

You are doing well, aren't you? (너 잘하고 있잖아, 그렇지?)

③ **느낌표(Exclamation mark)**

느낌표는 문자 그대로 느낌과 감정을 표현하거나 칭찬할 때 주로 사용할 수 있어요.

Wow! Oh! Hooray! (와우! 오! 만세!)

How beautiful you are! (너 정말 아름답구나!)

④ **쉼표(Comma)**

쉼표는 문장 안에서 잠시 쉬어 갈 때 그리고 분리된 개념을 설명할 때 사용하지요.

I like eating Lily teacher and drinking coke.

(나는 릴리 선생님을 먹는 것과 콜라 마시는 것을 좋아합니다.)

한 아이가 이런 문장을 써서 정말 반 전체가 폭소한 적이 있어요. 릴리 선생님을 먹어보겠다면서 아이들이 장난으로 달려드는 통에 정신이 없었어요. 쉼표 하나 빠뜨렸는데, 의미가 너무나 무섭게 달라졌죠. 원래 의도했던 문장은 다음과 같았어요.

I like eating, Lily teacher and drinking coke.

(나는 먹는 것과 릴리 선생님과 콜라 마시는 것을 좋아합니다.)

그래서 그 이후부터 이 문장을 예시로 해서 쉼표의 중요성에 대해 알려주곤 합니다. 쉼표를 쓰는 경우와 쓰는 방법을 조금 더 자세히 볼 게요.

• 날짜를 쓸 때

월, 일과 연도 사이에 쉼표를 꼭 찍어줍니다.

She was born on March 23, 2021.

(그녀는 2021년 3월 23일에 태어났다.)

• 여러 가지를 열거할 때

한 문장 안에 3개 이상의 이름이나 개념이 나올 때는 A, B, C, D and E의 형식으로 씁니다.

Sara, Sora, Mina, Mona, Somi, Sumi and Susan are friends.

(세라, 소라, 미나, 모나, 소미, 수미 그리고 수잔은 친구다.)

• 문장과 문장을 and와 but으로 이어줄 때

I bought a new skirt, and I will wear it tomorrow.

(나는 새 치마를 샀다, 그리고 나는 그것을 내일 입을 것이다.)

⑤ 아포스트로피(Apostrophe)

아포스트로피는 소유격이나 축약을 나타낼 때 활용합니다.

- 소유를 나타낼 때

Sara's doll (세라의 인형)

The babies' crying (아기들의 울음)

- 축약할 때

are not = aren't

It is = It's

⑥ 콜론(Colon)

콜론은 대부분 주어진 정보에 대한 예시를 들거나 확장해서 소개할 때 사용합니다.

I have friends from three countries: Columbia, Italy and India.

(나는 세 나라에서 온 친구들이 있다: 콜롬비아, 이탈리아 그리고 인도.)

위의 문장과 같은 정보를 담고 있지만, 다음과 같이 문장 중간에 콜론을 넣지 않으니 주의해야 합니다.

I have friends from: Columbia, Italy and India.

(틀린 문장)

⑦ **세미콜론**(Semicolon)

세미콜론은 두 개의 연관성 있는 독립된 절을 연결하는 데 주로 사용됩니다.

I drink lemonade; Lily drinks tea.

(나는 레몬에이드를 마신다; 릴리는 차를 마신다.)

⑧ **따옴표**(Quotation mark)

따옴표는 직접 말한 대화를 나타내거나 주어진 단어 또는 구를 강조하기 위해 사용됩니다. 따옴표를 사용할 때, 아이들이 자주 실수하는 부분들이 있습니다.

- 따옴표 안에 완전한 문장이 오는 경우, 첫 글자는 대문자를 씁니다.

He said, "A friend is a second myself."

(그는 말했다, "친구는 제2의 자신이다.")

- 마침표와 쉼표는 항상 따옴표 안에 들어갑니다.

"I don't feel very good today," Susan said.

("저는 오늘 기분이 별로 좋지 않아요," 라고 수잔이 말했습니다.)

Thomas Fuller said, "Seeing is believing."

(토머스 풀러는 "보는 것은 믿는 것이다."라고 말했습니다.)

• 물음표와 느낌표는 때에 따라 안에 혹은 밖에 배치합니다.

He shouted, "I'm excited!" (그는 "신나!"라고 소리쳤습니다.)

'나는 신난다'라는 문장 자체에 따옴표가 붙었으니 느낌표를 따옴표 안에 씁니다.

Why do you complain when I say, "Please be quiet"?

(왜 내가 "조용히 해 주세요"라고 하면 불평을 하나요?)

반면 '조용히 해주세요'라는 문장은 Why부터 물음표까지 쓰인 전체 문장에 속하는 또 하나의 작은 문장입니다. 그러므로 따옴표 밖에 물음표를 씁니다.

문장부호를 쉽고 재밌게 학습하는 방법

① 책에서 찾아 크게 읽어보기

평소 읽는 책을 꺼내어 빠르게 소리 내어 읽습니다. 다음과 같이 문장은 소곤소곤 속삭이듯이 읽고 문장부호가 나오면 동그라미를 치며 크게 소리를 내어 읽는 활동으로 재미를 더해줄 수도 있어요.

He carried it through the forest.

[히 캐리드 잇 뜨루 더 뽀레스트 **'피리어드'**]

At last, he reached his castle.

[앳 래스트 **'컴마'** 히 리치드 히스 캐슬 **'피리어드'**]

② 문장부호 스티커 만들기

-준비물: 동그라미 모양의 스티커, 네임펜

준비한 스티커에 네임펜으로 마침표, 느낌표, 물음표, 쉼표를 그려봅니다. 영어 문장을 쓴 후에 스티커를 사용해서 해당하는 문장부호를 찍습니다. 영어 글쓰기를 할 때마다 스스로 쓴 글을 읽어보면서 첨삭하는 과정에서 문장부호 스티커를 활용할 수도 있어요.

③ 문장부호 채우기 게임

평소 읽는 책을 꺼내어 한 문장씩 고릅니다. 한 사람이 고른 문장에서 문장부호를 빼고 씁니다. 다른 한 사람이 빠진 문장부호를 맞히고 채워 넣습니다.

〈문장부호 워크시트 무료 다운로드〉

문장부호 활용법을 차근히 공부해보고 싶을 때 하나씩 해당하는 문장부호를 출력해서 공부해볼 수 있어요. 혹은 평소에 헷갈리거나 글을 쓰면서 실수하는 문장부호를 따로 공부해봐도 좋습니다. 이 외에도 'punctuation worksheets for kids' 하고 구글에서 검색하면 다양하고 재밌는 워크시트 자료가 많이 나옵니다. 제가 추천하는 사이트의 자료는 답지와 함께 바로 출력할 수 있고, 문장부호 개념별로 체계적으로 정리되어 있습니다. 그래서 학원의 보충자료나 엄마표 영어로 집에서 활용하기에도 편리합니다.

마침표, 물음표, 느낌표 워크시트	쉼표 워크시트
날짜 쓰는 법 워크시트	아포스트로피 소유격 활용 워크시트
아포스트로피 축약 활용 워크시트	따옴표 워크시트
콜론 워크시트	세미콜론 워크시트

문장 쓰기 연습①
필사하기

영어 글쓰기 연습의 시작 단계에서 가장 많이 활용되는 것이 바로 필사입니다. 저도 대학생 때 영어 필사를 열심히 했던 적이 있어요. 제가 부전공으로 공부했던 경영학과에서 주로 영어로 진행되는 수업을 들었고 영어 에세이로 시험을 봤거든요. 그래서 늘 영어 글쓰기에 대해 부족함을 느낄 수밖에 없었고, 영어 글쓰기 공부 방법으로 필사를 택했어요. 당시, 영어 필사 스터디 모임을 만들어서《The 7 Habits of Highly Effective People(성공하는 사람들의 7가지 습관)》이라는 책을 따라 썼어요. 따라 쓰기를 꾸준히 하다 보니, 평소 잘 쓰지 않던 어휘와 구문 그리고 문장 구조들을 익힐 수 있었어요. 자기계발서이다 보니 자연스럽게 읽기도 되면서 내용 자체를 통해서도 많은 도움을 받았었죠.

아이들을 지도한 지 얼마 되지 않았을 때, 초등학교 2학년 아이들에게 필사를 시켰던 적이 있어요. 나에게도 도움이 많이 되었으니, 아이들에게도 당연히 그러리라는 생각이었습니다. 당시 아이들은 한 페이지에 간단한 문장 3~4줄 정도 되는 기초 리더스북을 읽는 친구들이었습니다. 읽기 학습은 꾸준히 해왔지만, 영어 쓰기를 거의 하지 않았던 터라 쓰기 자체를 어색해했거든요. 어떤 아이는 영어 노트에 줄 맞추는 것도 힘들어했고, 어떤 친구는 알파벳 쓰기 연습이 잘되어 있지 않아서 속도가 매우 느렸어요. 이런 친구들도 쓰다 보면 점점 익숙해질 거라는 생각으로 읽었던 책을 꺼내어 한 권을 다 써 내려가라고 했습니다.

선생님이 시키는 것이니 아이들은 무조건 따라서 해야 했겠지요? 저는 아이들이 글을 따라 쓰면서 읽었던 책의 내용을 떠올리고 어휘와 문장을 자연스럽게 복습할 것으로 생각했습니다. 그런데 얼마 지나지 않아 아이들이 기계적으로 알파벳을 따라 그리고 있다는 것을 알게 되었어요. 물론 영어 글쓰기에 익숙해지는 과정일 수도 있었겠지만, 결과적으로 득보다는 실이 더 컸습니다.

처음에는 그럭저럭 잘 따라 하던 아이들도 재미없고 손이 너무 아파서 영어가 힘들다고 울먹거리기 시작했어요. 그리고 기회비용도 따져야지요. 그 시간에 재밌는 영어책을 읽어주면서 간단한 문장 쓰기로 연계했더라면 같은 시간에 아이들과 더 재밌고 유익한 수업을 할 수 있었을 겁니다.

성인들의 경우 스스로 영어를 잘하지 못한다고 생각해도 학생 때 기본적인 영어 공부를 해온 경우가 많습니다. 그래서 말하기와 쓰기와 같은 아웃풋은 익숙하지 않고 어려워해도 기초적인 읽기 실력을 갖추고 있어요. 그러므로 필사를 할 때, 어휘나 문장 구조들이 눈에 잘 보이고 해석을 보면서 마음속에 전달이 되죠. 또한, 성인들은 필사의 목적을 스스로 알기 때문에 단순하게 철자를 기계적으로 베껴 쓰지 않습니다. 그렇게 되면 의미가 없다고 자율적으로 판단해서 필사를 더 이어가지 않거나 방법을 바꾸겠죠.

그런데 아이들은 다릅니다. 초등학생이라면 읽기 실력을 이제 막 천천히 쌓아가고 있는 단계인 경우가 많아요. 물론 필사 그 자체로 영어 문자에 익숙해질 수는 있지만, 읽기 실력과 기초적인 문법 실력이 아직 제대로 잡힌 상태가 아니므로 성인들이 생각하는 필사의 효과를 기대하긴 어려울 수 있습니다.

초등학생 아이들, 특히 저학년 친구들은 공부의 효과를 스스로 판단하기에는 이릅니다. 부모님이나 선생님이 시키면 그대로 하는 경우가 많지요. 그래서 부모님과 선생님이 아이의 학습 방향과 방법을 잘 판단하고 이끌어주어야 합니다.

그렇다면 아이들은 무조건 필사를 하지 않는 것이 맞을까요? 아니요. 그렇지는 않습니다. 아이의 현재 수준에 맞는 문장을 조금씩 꾸준히 쓰는 것은 분명 좋은 영어 글쓰기 훈련 방법입니다.

리더스북을 활용한 필사

리더스북은 학습 단계에 맞게 어휘나 문장 수준이 구성되어 있으므로 읽기 독립을 위한 책으로 많이 활용됩니다. 대표적인 리더스북으로는 옥스포드 리딩 트리(ORT), 스텝 인투 리딩(Step into Reading), 레디 투 리드(Ready-to-Read) 등이 있지요. 아이가 현재 읽고 있는 단계의 책도 괜찮지만, 저는 주로 아이가 이미 읽었던 책 중에서 한 단계 낮은 책을 필사하라고 권합니다. 일반적으로 인풋(듣기와 읽기)의 수준이 아웃풋(말하기와 쓰기)의 수준보다 더 높기 때문입니다.

또한, 필사를 통해 자연스럽게 예전에 읽었던 책을 다시 읽게 되면서 복습을 하게 됩니다. 이때 한 권을 모두 따라 적게 하기보다는, 한 문장 혹은 한 페이지의 분량 정도만을 따라 쓰게 합니다. 스스로 읽어보고 가장 마음에 드는 문장이나 페이지를 선택하도록 할 수도 있고 모르는 단어가 많았던 페이지로 지정해주기도 합니다. 아니면 재미를 더해주기 위해 가끔은 랜덤으로 뽑아보기도 합니다. 아이에게 선택권을 주는 것은 좋지만, 계속 주다 보면 일부러 짧고 쉬운 문장만 고르는 경우도 생기거든요.

영어 교과서를 활용한 필사

초등학교 영어 교과서는 초등학생들이 꼭 알아야 할 단어와 문장으로 내용이 알차게 구성되어 있습니다. 특히, 5학년과 6학년 교과서는 여러 문장이 들어간 짧은 글을 공부할 수 있게 되어 있어요. 단어와 문법도 단계별로, 그리고 실생활에서 자주 활용할 수 있는 내용으로 담겨 있습니다. 방학 때 복습 차원에서 영어 교과서에 나와 있는 글을 필사해보는 활동을 해볼 수 있어요.

My Favorite Season

Hi, I'm Suho.
It's hot in Korea.
Do you like summer?
My favorite season is summer.
I can swim in the sea.
My birthday is in summer!

내가 가장 좋아하는 계절/ 안녕, 나는 수호야./ 한국은 더워./ 여름을 좋아하니?/ 내가 좋아하는 계절은 여름이야./ 난 바다에서 수영할 수 있어./ 내 생일은 여름에 있단다!

(출처: 초등학교 5학년 영어교과서 Lesson 4. 천재교육)

What can we do for clean air?

We can walk.

We can ride bikes.

We can plant trees.

Don't forget to recycle paper!

Recycle, recycle, recycle paper!

Let's save the earth!

우리는 깨끗한 공기를 위해 무엇을 할 수 있을까요?/ 우리는 걸을 수 있어요./ 우리는 자전거를 탈 수 있습니다./ 우리는 나무를 심을 수 있습니다./ 종이를 재활용하는 것을 잊지 마세요!/ 재활용, 재활용, 종이를 재활용!/ 지구를 구해요!

(출처: 초등학교 6학년 영어교과서 Lesson 11. 동아출판)

영어 글쓰기 교재를 활용한 필사

다양한 교재를 활용하면 영어 필사를 조금 더 체계적으로 해볼 수 있습니다. 교재마다 특징과 장점이 모두 달라서, 원하는 목적과 레벨에 맞는 교재를 잘 선택하는 것이 중요합니다. 아무래도 쓰기 학습을 위해 만들어진 교재다 보니 꾸준히 학습하기 좋게 구성되어 있습니다.

7주 완성 초등 매일 영어 글쓰기의 기적

패턴을 통해 교과서 수록 문장을 쉽게 반복적으로 꾸준히 학습할 수 있는 교재입니다. 필사한 후 단어 학습과 문장을 직접 만드는 단계로 올라갈 수 있어 체계적이며, 쉬운 문장으로 구성되어 필사를 처음 하거나 문법을 아직 배우지 않은 초급 단계의 아이들에게도 적합합니다.

하루 10분 우리 아이를 위한 영어 명언 100

초등 교과와 관련된 영어 명언들로 학습하는 교재입니다. 명언에 담긴 단어와 문장 해석을 공부한 후 낭독과 필사를 할 수 있도록 단계적으로 구성되었습니다. 엄마와 아이가 함께 공부하기에 좋습니다.

영어 문해력을 키우는 초등 영어 글쓰기

듣기, 읽기 활동과 연계하여 단어 쓰기와 문장 쓰기를 할 수 있는 교재입니다. 아이들에게 친숙한 이솝우화가 담겨 있으며 이야기 자체로 생각을 나눌 거리가 생깁니다. 10줄의 문장으로 구성된 이야기를 쉽고 지루하지 않게 충분한 쓰기 학습을 할 수 있도록 구성되었습니다.

필사를 효과적으로 하는 방법

필사할 때 다음의 5가지 방법을 모두 활용해야 하는 것은 아닙니다. 이 중에서 바로 적용할 수 있는 것들을 골라 하나씩 도전해보세요.

① 문장을 외워서 쓰기

필사할 문장을 읽고 나서 외운 다음 최대한 보지 않고 써보게 합니다. 물론 한 문장을 한 번에 통으로 다 외우긴 어려울 수도 있어요. 하지만 여러 번에 걸쳐 시도해볼 수 있거든요. 필사해야 하는 문장을 계속 보면서 따라 쓰는 것보다 짧은 순간에 외울 수 있는 만큼 외워서 써보게 하는 것입니다. 기계적으로 따라 쓰는 것을 방지할 수 있고, 집중력도 훨씬 좋아지면서 기억력에도 도움이 됩니다. 처음에는 여러 번 보아야 쓸 수 있던 문장도 점점 보고 쓰는 횟수가 줄어들 것입니다.

② 낭독하며 쓰기

필사할 문장을 크게 읽으면서 쓰는 것입니다. 영어는 글자와 소리가 일치하지 않는 경우가 많습니다. 파닉스의 규칙에 따라 발음되기도 하지만 규칙이 적용되지 않는 어휘들도 많지요. 단어를 익힐 때와 마찬가지로 문장을 익힐 때도 문장을 크게 읽어보게 하는 것이 도움이 됩니다. 글을 읽고(읽기) 따라서 말하고(말하기) 자신이 말한 것을 듣고(듣기) 그 문장을 쓰는(쓰기) 활동에서 영어의 4대 영역을 모두 발달시킬 수 있습니다.

③ 쓰고 나서 비교해보기

책의 문장과 자신이 쓴 문장을 비교해봅니다. 쓰고 나서 자신의 문장을 점검해보는 습관은 참 중요합니다. 다른 그림 찾기처럼 책 속의 문장과 내가 쓴 문장의 다른 점을 매의 눈으로 살펴보는 것이죠. 문장의 시작을 대문자로 잘 했는지, 문장부호는 빠진 것이 없는지, 스펠링은 다른 부분이 없는지를 꼼꼼히 확인해보는 것입니다. 영어로 글을 쓰는 단계에서도 자신의 글을 자연스럽게 점검하게 되는 습관으로 이어질 수 있어요.

④ 주어+동사 찾기

문장의 기본 구조인 주어와 동사를 배웠다면 주어와 동사를 표시하게 합니다. 이때, 문법적인 설명을 많이 추가하지는 마세요. 간단하게 주어에 동그라미, 동사에 세모 등 5가지 도형을 그리는 정도로만 가볍게 하는 것을 추천합니다. 예를 들어, 다음과 같이 간단히만 분석해볼 수 있도록 합니다.

A bus came to the school. (학교에 버스가 왔어요.)
The children climbed in. (아이들이 올라탔어요.)

＊5가지 도형: 주어 ○, 동사 △, 어디에 ☆, 무엇을 □, 어떠한 ♡

⑤ 누적하며 암기하기

필사한 문장을 암기하면 말하기라는 아웃풋으로 연결됩니다. 여러 번 반복해서 문장을 보고 쓰다 보면 자연스럽게 외워집니다. 그러고 나서 지난번에 썼던 문장을 계속 반복해서 읽어보게 하면 자연스럽게 말하기 훈련이 됩니다. 저의 경우에는 아이들이 지난번에 썼던 문장의 앞부분을 먼저 읽어주고 나서 아이들이 그 문장의 뒷부분을 이어가게 합니다.

예를 들어, "A bus came?" 하고 물어보면, 아이들이 "to the school."이라고 이어서 대답하지요. "The children?" 하고 물어보면 아이가 "climbed in." 하고 연결해서 대답하는 것입니다. 잘 대답하면 크게 하이파이브, 잘 기억하지 못하면 손가락으로 올라타는 모습을 보여주면서 climbed in(오르다)이라는 어휘를 떠올릴 수 있도록 힌트를 주기도 합니다. 만약 그래도 잘 모른다면요? 썼던 문장을 같이 읽어보고 넘어가면 됩니다. 다음 날 다시 해보면 잘 기억하는 친구들이 많아요.

문장 쓰기 연습②
받아쓰기

문장 쓰기를 훈련할 수 있는 좋은 방법에는 받아쓰기가 있습니다. 받아쓰기는 문장에 대해 배웠던 기초적인 지식을 모두 점검해보고 실제 글쓰기에 적용해볼 수 있는 아주 좋은 방법입니다.

예를 들어, 대문자의 활용, 문장부호, 스펠링 그리고 듣는 문장을 이해하고 적는 과정에서 소리 언어를 문자 언어로 바꾸는 방법을 터득하게 됩니다. 특히 중요한 것은 문맥 속에서 자연스럽게 동음이의어를 구별하는 힘이 길러진다는 것입니다.

They like a sunny **day.** ['**데이**' 라이크 어 써니 '**데이**']

(그들은 해가 나는 날을 좋아한다.)

I **see** the **sea.** [아이 '**씨**' 더 '**씨**']

(나는 바다를 본다.)

문단이나 글 단위의 자유 글쓰기를 지도해보면, 많은 아이가 어떤 말을 쓸지, 어떻게 글을 구성해서 분량을 채워가야 할지(창의성과 유창성)에 생각을 집중하기 때문에 올바른 글쓰기(정확성)에 신경을 잘 쓰지 못하는 경향이 있습니다. 본격적으로 글쓰기에 들어가면 글의 내용, 구성 방법, 어휘 선택, 문법, 철자와 같이 고려해야 할 부분이 많습니다. 그래서 받아쓰기를 통해 미리 기초 훈련을 탄탄히 하면 도움이 됩니다.

다른 공부나 영역에서도 마찬가지지만, 영어에서의 쓰기 학습은 듣기, 읽기, 말하기, 어휘, 문법이라는 다른 영역과 연결해서 공부하는 것이 좋습니다. 언어는 영역별로 유기적으로 연결되어 발달할 수 있는 특성이 있기 때문이며, 주어진 시간 안에 여러 영역을 커버할 수 있는 학습 효율성의 차원에서도 그렇습니다.

무엇으로 받아쓰기를 할까?

① 리더스북을 활용한 받아쓰기

읽고 있던 책 혹은 읽었던 책과 연계해서 간단하게 받아쓰기를 진행해볼 수 있습니다. 세이펜이 있다면 해당 문장을 엄마나 아빠가 찍어주고 아이가 적어보게 할 수 있어요. 때로는 역할을 바꿔서 해도 좋습니다. 만약 책은 없고 음원만 있다면, 같이 음원을 들어보고 잘 기억했다가 문장을 불러주고 받아쓰게 할 수 있습니다. 어떤 문장을 서로 불러줄지 기억하기로 약속하고 책을 들으면 집중력이 높아집니다. 이왕이면 공부했던 단어가 포함된 문장을 골라주세요.

② 필사 노트를 활용한 받아쓰기

필사를 꾸준히 해온 경우라면, 필사 노트를 받아쓰기에 활용할 수 있습니다. 아이들은 조금씩 변화를 주거나 여러 활동을 다양하게 하는 것을 훨씬 좋아합니다. 다만 교육을 하는 선생님이나 부모님으로서는 학습 간에 연결점이 있고 교육적 효과를 낼 수 있는 부분까지 생각하는 것이 중요하겠죠. 하루는 필사하고 다음 날은 받아쓰기하고 하는 식으로 교차해서 공부해보는 것도 괜찮은 방법입니다. 필사했던 것을 받아쓰기로 공부할 수 있게 연결해주는 것입니다.

③ 단어장을 활용한 받아쓰기

받아쓰기할 때에는 전혀 모르는 단어가 있는 문장보다는 이미 배웠던 단어가 들어간 문장을 활용하는 것이 좋습니다. 그런 의미에서 단어장을 활용하고 있는 경우라면, 배운 단어가 들어간 문장을 받아 써볼 수 있어요. 단어장마다 조금씩 다르긴 하지만, 보통 단어가 들어간 예문이 있어서 그 문장을 활용해보셔도 좋습니다.

만약 단어가 들어간 예문이 없다면, 온라인 사전에서 검색해보세요. 네이버 사전에서는 예문을 읽어줍니다. 단어를 검색하고 오른쪽 밑의 '예문 열기' 버튼을 누르면 다양한 예문이 나오기 때문에 적절한 난이도의 문장을 선택할 수 있습니다. 그리고 '발음 듣기 설정' 버튼을 누르면 발음 속도를 선택할 수 있거든요. 재생 속도를 0.6에서 최대 0.8배속 사이로 설정하면 쓰기 속도에 맞게 활용해볼 수 있습니다.

④ 파닉스 교재를 활용한 받아쓰기

파닉스는 문자와 소리의 관계를 학습하는 것입니다. 문자를 보고 소리로 읽어내는 연습을 하는 것이죠. 반대로 소리를 듣고 문자로 써보면 파닉스를 확실하게 다질 수 있습니다. 파닉스를 배우고 있을 때는 간단하게 배운 단어 수준으로 "[캣], [크 / 애 / 트] [캣]" 이렇게 여러 번 반복해서 읽어주고 받아쓰는 훈련을 할 수 있습니다.

파닉스 단계가 끝난 후에는 활용했던 파닉스 교재에 있는 문장으로 받아쓰기를 해볼 수 있습니다. 'The cat sat on a mat.'처럼 짧지만, 그 안에 파닉스 단어들이 들어간 문장들이죠. 만약, 파닉스 교재가 없거나 문장 찾기가 번거롭다면 다음의 '파닉스 문장 무료 자료'를 활용해보셔도 괜찮습니다.

〈영어 문장 읽어주는 사이트〉

VOCALWARE

음원을 일일이 찾기 어렵거나 엄마가 직접 읽기 부담스러울 때, AI 원어민의 힘을 빌릴 수 있어요. 문장을 입력하면 원어민 음성으로 그 문장을 읽어줍니다. 미국, 호주, 영국 그리고 인도 사람들의 목소리를 들어볼 수 있어, 비교해 보면서 들으면 아이들이 재밌고 신기해합니다.

〈파닉스 문장 무료 자료〉

ateachable TEACHER

단모음, 장모음, 이중모음, 연속자음에 해당하는 파닉스 문장을 무료로 제공합니다. 페이지 끝부분에 이름(First name)과 이메일 주소(Personal Email address)를 넣고, 이메일로 받아서 열어야 한다는 약간의 번거로움은 있습니다. 하지만 이메일은 빠르게 받을 수 있어요. 정리가 굉장히 잘된 자료라 다운로드해놓고 필요한 부분을 조금씩 출력하거나 스마트패드에서 보는 용도로 활용해도 매우 좋습니다.

⑤ 듣기 교재를 활용한 받아쓰기

초등 저학년보다는 고학년 학생들에게, 적어도 4학년 이상 학생들에게 추천하고 싶은 방법입니다. 문제 풀이를 통해 듣기 훈련을 집중적으로 하거나 중학영어 듣기평가를 대비하고 싶은 친구들이라면 듣기 교재를 사용해볼 수 있어요. 듣기 교재 안에 단어, 어구, 문장을 받아쓸 수 있게 되어 있어 듣기 실력과 받아쓰기 실력 향상을 같이 기대해볼 수 있습니다.

〈받아쓰기를 위한 듣기 교재 추천〉

초등영어 받아쓰기·듣기 10회 모의고사

들었던 내용의 핵심 어구와 단어 그리고 통문장을 듣고 받아쓸 수 있습니다. 영어 듣기, 어구, 단어, 문장 쓰기를 한 번에 하지 않고 여러 번에 나눠서 천천히 학습하기를 권장합니다.

자이스토리 초등영어 듣기평가 모의고사

QR코드로 듣고 통문장 받아쓰기를 할 수 있습니다. 대본뿐 아니라 교과서에 나오는 의사소통 표현 문장을 받아쓰기할 수 있도록 연계되어 있어요. 1회 분량을 여러 번에 나눠서 천천히 학습하는 것을 추천합니다.

받아쓰기 시작, 어떻게 할까?

① **불러주기**(Dictate): 엄마가 문장 전체를 천천히 들려주거나 불러 줍니다.

"The boat is good." [더 보트 이즈 굿]

② **따라 말하기**(Repeat): 아이가 문장을 듣고 따라 말합니다.

③ **쓰기**(Write): 아이가 문장 쓰기를 시도합니다.

아이가 문장을 쓸 때, 문장을 여러 번 천천히 읽어줍니다. 이때, 가능하면 아이가 쓰는 종이나 쓰고 있는 모습을 보지 말고 읽어주는 문장을 보세요. 아이는 틀릴까 봐 주저할 수도 있고 엄마가 보고 있다는 것에 부담감을 느낄 수도 있거든요. 엄마는 모르면 바로 알려주거나 고쳐주고 싶은 마음이 들 수도 있기 때문입니다.

특히 초반에는 "The [더] boat [보트] is [이즈] good [굿]." 이렇게 한 단어씩 잘라서 천천히 읽어주면 좋아요. 그런 다음 "The boat [더 보트] is good [이즈 굿]." 이렇게 단어를 조금 더 합치고, 마지막으로 "The boat is good. [더 보트 이즈 굿]" 하고 문장 전체를 천천히 읽어줍니다.

이렇게 읽어주고 나서 아이가 쓴 문장을 보세요. 만약 이때 아이가 특정 단어를 잘 몰라서 주저하고 있다면 단어를 분절해서 들려주세요. "b [브] oa [오우] t [트]." 물론 이때도 정확하게 못 쓸 수 있습니다. 이후에 확인해서 다시 써보면 되니까 괜찮습니다. 제가 지도한 많은 아이 중에도 한 번에 받아쓰기를 잘하는 친구들은 거의 없었어요. 하다 보면 점점 익숙해지고 조금씩 더 잘하게 됩니다.

④ **읽기**(Read): 아이가 쓴 문장을 스스로 읽어보게 합니다.

이때 읽기는 아이가 스스로 쓴 문장을 점검하도록 하기 위함입니다. 읽어보면서 혹시 잘못된 부분이 보이면 스스로 고쳐보라고 이야기해줍니다.

⑤ **확인하기**(Check): 문장을 읽어주면서 잘못 쓰거나 틀린 부분을 고쳐줍니다.

⑥ **다시 쓰기**(Correct): 아이가 잘못된 문장을 다시 씁니다.

바르게 쓴 문장을 보여주고 아이에게 다시 쓰게 합니다. 이때, 대소문자 구분, 스펠링 그리고 문장부호까지 올바르게 쓸 수 있도록 해줍니다. 자신의 문장에서 틀린 부분만 지우고 고치게 하지 말고 문장을 새로 다시 쓰게 해주세요. 지우개로 지우다가 종이가 찢어지는 경우도 많고, 문장 쓰기 연습을 하는 만큼 올바른 문장을 다시 써보는 훈련도 필요하기 때문입니다.

받아쓰기는 보통 10분에서 15분 사이, 5문장 이내로 하는 것을 추천합니다. 짧고 간단한 문장에서 조금 더 긴 문장으로 나아가는 것이고, 지난번에 썼던 문장 중 어려웠던 문장을 다시 받아쓰게 해도 좋습니다.

문장 쓰기 연습③
나의 문장 써보기

　영어 글쓰기에서 가장 기초적이면서도 핵심이 되는 단계는 나의 문장을 만들어보는 훈련입니다. 문장의 기본 뼈대를 학습하고 나서, 내가 직접 문장을 만들기 시작하면 좋습니다. 이전에 필사나 받아쓰기를 통해 문장부호 그리고 문장 감각을 익혔다면 도움이 됩니다. 그리고 다독을 통해 다양한 문장을 많이 접했다면 나의 문장 쓰기 과정을 훨씬 더 수월하게 할 수 있습니다.

리더스북 활용 바꿔 쓰기

가장 쉽게 시작할 수 있는 것이 바로 바꿔 쓰기입니다. 기존의 문장을 그대로 쓰면 필사이고, 조금씩 바꿔보면 나만의 문장이 탄생합니다. 아이의 현재 읽기 수준과 맞거나 이미 읽은 한 단계 낮은 리더스북을 활용합니다. 이때, 시작은 1~3문장 정도에서 최대 5문장 이내로 써보는 것을 추천합니다. 리더스북을 읽을 때, 문장 쓰기 연습을 조금 추가해준다고 생각하면 좋습니다. 아이가 가장 좋아하는 페이지를 골라서 쓰면 그 과정에서 자연스럽게 한 번 더 책을 읽을 수 있습니다.

① 주어 바꿔 쓰기

주어란 '누가'에 해당하는 문장의 주인이 되는 말입니다. 이 주어를 아이가 아는 사람이나 좋아하는 캐릭터로만 바꿔도 훨씬 더 흥미를 보인답니다. 그래서 저는 제 이름 릴리(Lily)를 예의에 크게 어긋나지 않는 선이라면 마음껏 사용하게 했어요. 글쓰기를 유독 싫어하는 남자아이들이 릴리로 주어를 바꾼다고 하면 갑자기 연필을 들고 키득키득하면서 얼마나 재밌게 문장을 만드는지 모릅니다.

책의 문장	<u>The children</u> jumped and bounced. (아이들이 펄쩍펄쩍 뛰었어요.)
나의 문장	**Lily** jumped and bounced. (릴리는 펄쩍펄쩍 뛰었어요.) [그래서 집에서 쫓겨났대요.]

책의 문장	<u>He</u> didn't have money at all. (그는 돈이 전혀 없었어요.)
나의 문장	**Lily** didn't have money at all. (릴리는 돈이 전혀 없었어요.) [남자친구도 없었대요.]

② 사물 바꿔 쓰기

책 속 문장에 등장하는 다양한 사물을 새로운 사물로 바꿔봅니다. 아이들은 자신이 평소에 관심 있거나 좋아하는 물건들을 등장시켜 새로운 이야기를 만들어갈 수 있어요. 이때 자신이 새로 쓴 문장을 묘사하는 그림도 간단하게 그려보게 할 수 있어요. 그러나 자칫하면 그림을 그리는 데에만 몰두할 수 있으므로 1분 이내로 시간을 제한하는 것이 좋습니다.

책의 문장	One <u>seed</u> drifts down onto the <u>desert</u>. (하나의 씨앗이 사막으로 떠 내려갑니다.)
나의 문장	An **alpaca** drifts down onto the **grass**. (알파카 한 마리가 잔디 위로 떠 내려갑니다.)

③ 동사 바꿔 쓰기

동사란 주어의 상태나 행동을 나타내는 말입니다. 동사는 주어의 수나 시제에 따라서 형태가 바뀌므로 바꾸는 과정에서 어려워하거나 쉽게 실수할 수 있어요. 그래도 실수하고 고쳐보는 것이 발전해가는 과정이기 때문에 시도를 격려해줍니다.

책의 문장	They <u>made</u> a book about babies. (그들은 아기들에 관한 책을 만들었어요.)
나의 문장	They **read** a book about babies. (그들은 아기들에 관한 책을 읽었어요.)

바꿔 쓰기 활동을 할 때 단순히 단어만 바꾸는 것보다 문장의 뼈대를 같이 확인해보면서 쓰면 좋습니다. 최소한 주어와 동사라도 표시하면서 활동해보면, 문장의 감을 잡는 데에 확실히 도움이 될 수 있어요. 바꿔 쓰기 활동이 조금 익숙해지면, 아이들이 스스로 주어, 사물, 동사 혹은 형용사까지 자유자재로 바꿔가면서 자신이 상상하는 이야기를 만들어갑니다.

그림책 패턴 문장 바꿔 쓰기

특정 패턴이 반복적으로 들어가는 쉬운 그림책을 활용해서 문장 쓰기를 도전해볼 수 있어요. 아이가 어릴 때 읽어주었던 그림책 중에 패턴으로 반복되는 문장이 있다면, 같이 읽어보고 문장 쓰기로 살짝 바꿔서 도전해볼 수 있습니다. 아이와 함께 그림책을 읽으면서 패턴 문장을 찾아보고 그 자리에서 바로 한 문장을 함께 만들어볼 수 있어요. 엄마, 아빠와 함께 만들면 훨씬 재미있어합니다.

　예를 들어, 앤서니 브라운의 《My Dad》라는 책에서는 '주어 + can + 동사 + like + 명사' 패턴이 나옵니다. 리더스북을 활용했던 것처럼 주어, 사물, 동사를 원하는 만큼 바꿔볼 수 있어요.

책의 문장	He can swim like a fish. (그는 물고기처럼 수영한다.)
나의 문장	**I** can **jump** like a **frog**. (나는 개구리처럼 뛴다.)

〈그림책 속 대표적인 패턴 문장들〉

그림책	책 속 패턴 문장
	나의 문장
Quick as a Cricket	I'm as shy as a shrimp. (나는 새우만큼 부끄럼이 많아.)
	I'm as **hungry** as a **lion**. (나는 사자처럼 배고파.)
From Head to Toe	I am a donkey and I kick my legs. Can you do it? (나는 당나귀이고 나는 발길질을 해. 할 수 있어?)
	I am **Hajun** and I **stretch** my legs. Can you do it? (나는 하준이고 나는 다리 찢기를 해. 할 수 있어?)

Dear Zoo

<u>He</u> was too <u>big</u>! I sent him back.
(그는 너무 컸어! 나는 그를 돌려보냈어.)

My dad was too **noisy**! I sent him back.
(아빠는 너무 시끄러웠어! 나는 아빠를 돌려보냈어.)

The Rabbit Listened

<u>Taylor</u> didn't feel like <u>talking</u>.
(테일러는 말하고 싶지 않았어.)

I didn't feel like **reading**.
(나는 읽고 싶지 않았어.)

Ketchup on Your
Cornflakes?

Do you like <u>milk</u> on your <u>chips</u>?
(감자튀김에 우유 붓는 것을 좋아하니?)

Do you like **cola** on your **rice**?
(밥에 콜라 붓는 것을 좋아하니?)

There Was an Old
Lady Who Swallowed
a Fly

There was an old <u>lady</u> who swallowed a <u>fly</u>.
(파리 한 마리를 꿀꺽 삼킨 할머니가 살았는데요.)

There was an old **man** who swallowed a **mosquito**.
(모기 한 마리를 꿀꺽 삼킨 할아버지가 살았는데요.)

Duck! Rabbit!

I heard <u>duck</u> sounds. (나는 오리 소리를 들었어.)
I heard <u>rabbit</u> sounds. (나는 토끼 소리를 들었어.)

I heard **tiger** sounds. (나는 호랑이 소리를 들었어.)
I heard **dinosaur** sounds. (나는 공룡 소리를 들었어.)

리더스북의 그림을 활용하여 문장 만들기

그림을 보고 묘사하거나 떠오르는 문장을 써볼 수 있습니다. 실제로 말하기, 글쓰기 테스트 때에는 그림 묘사를 많이 합니다. 아래 영어로 쓰인 글 부분을 살짝 가리고 써볼 수 있어요. 이때, 학습했던 문장의 뼈대를 가지고 활용하는 것을 추천합니다. 아직 아이들이 문장 만드는 것을 배워가는 과정이므로 문장의 틀을 몇 가지로 제한해 쉬운 문장으로 도와주는 것입니다. 기본적인 문장 틀에 맞춰 쓰는 법을 배우고 나면 틀을 벗어나는 문장들도 도전해볼 수 있어요.

The students listen. (학생들은 듣는다.)
The boy and girl see the baby. (그들은 아기를 본다.)
They are bored. (그들은 지루하다.)
They are in the classroom. (그들은 교실에 있다.)

(출처:《Oxford Reading Tree, Stage 5, The New Baby》)

배운 단어 연결하여 문장 만들기

단어 암기를 위한 교재를 활용하고 있거나 나만의 단어장이 있다면, 단어를 연결하여 문장을 만들어볼 수 있습니다. 잘 외워지지 않는 단어들을 형광펜으로 표시해뒀다가 표시된 단어 중에서 골라 문장을 만들어보는 것입니다. 처음에는 단어 하나만 골라서 해보다가 익숙해지면 단어 두 개 이상을 골라서 한 문장에 담아보도록 합니다. 단어를 고르는 과정에서 어휘 복습이 되고 단어를 골라 배열하여 문장을 만드는 과정에서 쓰기 학습이 됩니다.

그리고 전혀 다른 두 단어를 연결하여 한 문장을 만드는 과정에서 창의적으로 생각하는 힘을 길러줄 수도 있어요. 김경일 교수는 《창의성이 없는 게 아니라 꺼내지 못하는 것입니다》라는 책에서 "창의는 연결하는 힘"이라고 정의합니다. A와 B가 만나 새로운 C가 탄생하는 것인데, 영어 글쓰기 과정에서도 작은 창의성을 발현할 수 있도록 기회를 주는 것입니다.

나의 단어장

cross(건너다) wise(지혜로운) reply(대답하다)	market(시장) bridge(다리) toe(발가락)	heavy(무거운) mouth(입) show(보여주다)	bark(짖다) disappear (사라지다)	try (노력/시도하다) greedy (욕심 많은)

Mom goes to the **market**. (엄마는 시장에 간다.)

She **shows** her **toe**. (그녀는 자기 발가락을 보여준다.)

A **greedy** dog **barks** and **disappears**.

(그 욕심 많은 개는 짖고 사라진다.)

하루 딱 한 줄 영어 글쓰기

하루에 딱 한 줄로 영어 문장 쓰기에 도전해볼 수 있습니다. 본격적으로 영어 일기를 쓰기 전, 하루 한 줄 영어 문장을 써보는 것부터 시작하는 것도 좋습니다. 어떤 내용을 써야 할지 고민하는 친구들에게는 주제를 정해줄 수 있어요. 다음의 주제 고르기 판 위에 연필을 굴려서 연필심이 가리키는 곳의 주제에 대해 생각해보고 한 문장을 써보도록 합니다.

〈한 줄 영어 글쓰기 주제 고르기〉

주제	나의 문장
친구(Friend)	Suji is pretty and sweet. (수지는 예쁘고 다정하다.)
날씨(Weather)	Today was a rainy day. (오늘은 비가 오는 날이었다.)
음식(Food)	I want to eat a hamburger. (나는 햄버거 먹고 싶다.)
반성(Self-reflection)	I drank too much cola. (나는 콜라를 너무 많이 마셨다.)
감정(Feeling)	I feel down because of the test. (나는 그 시험 때문에 기분이 울적하다.)
쇼핑(Shopping)	Mom and I buy new dresses. (엄마와 나는 새 원피스를 산다.)
계절(Season)	I put on a mask because of the fine dust. (나는 미세먼지 때문에 마스크를 썼다.)
선생님(Teacher)	My favorite teacher is Lily. (내가 가장 좋아하는 선생님은 릴리다.)
여행(Travel)	We are going to Jeju Island soon. (우리는 곧 제주도에 간다.)
가족(Family)	My dad is a hard worker. (우리 아빠는 열심히 일하신다.)
독서(Reading)	I read the cartoon 《Common Siblings》. (나는 《흔한 남매》 만화책을 읽는다.)
공부(Study)	I am good at English. (나는 영어를 잘한다.)

주제는 골랐지만, 쓸 문장이 도저히 떠오르지 않을 때는 구글 이미지에서 예시 문장을 찾아보아도 좋습니다. 검색창에 '키워드 sentences for kids'라고 입력하면, 키워드에 관한 여러 문장을 살펴보고 골라서 나의 문장으로 써볼 수 있어요. 예를 들어, 'winter sentences for kids'를 검색했다면 검색 결과에 보이는 The snow fell onto the ground. (눈이 땅 위로 떨어진다), I want to build a snowman. (나는 눈사람을 만들고 싶다) 등의 문장에서 아이디어를 얻어볼 수 있겠죠.

일기를 한 줄씩 주 단위로 꾸준히 모아서, 마지막 날에는 이번 주에 쓴 여러 문장을 비교해보세요. 얼마나 다양한 문장을 썼는지, 얼마만큼 발전해나가고 있는지가 보일 거예요. 그리고 여력이 된다면, 한 주간에 쓴 일기를 한 줄씩 외우고 녹음하거나 녹화해서 들어보는 것도 좋습니다. 아이들이 정말 좋아하는 활동이에요. 말하기 실력 향상에도 도움이 됩니다.

내 생각을 담은 다양한 종류의 문장을 쓰기 위해서는 동사의 기본적인 시제 변화를 이해해야 합니다. 이때, 문법을 먼저 완벽하게 다져야 한다는 생각에 문법책부터 찾는 경우가 더러 있어요. 하지만 한 줄 영어 일기 쓰기를 목표로 하는 단계라면 우선 바르게 쓰기 위한 최소한의 문법들을 조금씩 알려줄 수 있습니다.

〈초등 영어 글쓰기에서 자주 쓰는 동사의 시제 변화〉

동사	과거 이미 했던 일 (~했다.)	현재 규칙적으로 하는 일 ([평소에] ~한다.)	미래 앞으로 할 일 (~할 것이다.)
be(~에 있다, ~이다)	was, were	am, are, is	will be
go to(~에 가다)	went to	go to	will go to
want to(~하길 원한다)	wanted to	want to	—
feel(느끼다)	felt	feel	will feel
eat(먹다)	ate	eat	will eat
study(공부하다)	studied	study	will study
read(읽다)	read	read	will read
play(놀다)	played	play	will play
say(말하다)	said	say	will say
buy(사다)	bought	buy	will buy
meet(만나다)	met	meet	will meet
make(만들다)	made	make	will make
watch(보다)	watched	watch	will watch
think(생각하다)	thought	think	will think
ask(묻다)	asked	ask	will ask
lose(잃어버리다)	lost	lose	will lose

find(찾다)	found	find	will find
take(데리고 가다, 잡다)	took	take	will take
get(얻다, 받다, 가지다)	got	get	will get
give(주다)	gave	give	will give
like(좋아하다)	liked	like	will like
win(이기다)	won	win	will win

〈동사 시제 변화 연습을 위한 워크시트〉

동사의 시제 변화를 잘 이해하면 영어책을 읽는 데에도, 영어 글쓰기에도 많은 도움이 됩니다. 난이도 순서대로 가장 쉬운 것부터 추천드리니 참고해보시면 좋을 것 같습니다.

 현재 동사와 과거 동사를 연결해보는 워크시트

 문장을 보고 과거, 현재, 미래를 구분해보는 워크시트

 현재시제 문장을 과거시제로 바꾸는 워크시트

 불규칙동사의 현재시제를 과거시제로 바꾸는 워크시트

 자주 활용하는 동사의 과거, 현재, 미래형을 써보는 워크시트

틀린 부분 고쳐주는 방법

아이들은 문장 쓰기를 하면서 문법적인 실수를 많이 합니다. 일단, 문장 쓰기를 시도했다는 것에 대해 칭찬을 듬뿍 해주시고, 무슨 말을 쓰고자 했는지 먼저 물어봐주세요. 그리고 문법 설명을 자세히 해주기보다는 아이가 알아차릴 수 있도록 짧고 간결하게 고쳐주세요.

• 아이의 문장: You were go to school.

엄마: 와 잘 썼네, "네가 학교에 갔다"라는 말이니?

아이: 네. 맞아요.

엄마: 그래, You went to school. 좋아.

아이: (못 알아챔)

엄마: You went to school.이라고 쓴 거구나?

아이: 네, 맞아요. (얼른 고치면서) You went to school.

똑똑한 번역기 활용법

구글 번역기, 파파고와 같은 AI 번역기들을 잘 활용하면 영어 글쓰기를 하는 데에 적절한 도움을 받을 수 있어요. 쓰기를 전혀 시도하지 않고 번역기만 돌린 문장을 베껴서 쓰는 아이들이 종종 있어요. 그래서 번역기를 허용하는 사용 범위와 활용법을 꼭 알려주고 있습니다.

① 나의 영어 문장 교정

물론 원어민 선생님이나 첨삭 전문 웹사이트처럼 매번 100퍼센트 정확하게 교정되지는 않습니다. 다만, 문장 쓰기 기초 단계에서 아이들이 실수할 법한 부분들을 고쳐주거나 자연스러운 표현으로 바꿔줍니다. 아직 여전히 AI의 한계가 있지만, 무료로 쉽게 활용해볼 수 있으므로 집에서도 부담 없이 시도해볼 수 있어요.

1) 자신이 만든 영어 문장을 번역기의 영어 칸에 입력합니다. 그리고 ❶[번역하기] 버튼을 누르면 한국어로 번역됩니다.

2) 번역된 한국어를 다시 영어로 바꾸기 위해 ❷'스위치 버튼'을 누릅니다.

3) 다시 영어로 바뀌는 과정에서 ❸과 같이 조금 더 자연스러운 표현으로 바꿔줍니다.

② 영어 문장 만들기

　문장 만들기의 기초를 배웠지만, 나의 문장을 자유자재로 만들기까지는 많은 시간과 노력이 필요합니다. 영어로 문장 쓰기를 먼저 시도했는데, 정말 모르겠다 싶을 때는 번역기를 돌려봅니다. 즉, 쓰고 싶은 한국말을 입력해서 영어로 어떻게 쓰는지 확인해보는 것이죠. 다만, 찾은 문장을 꼭 노트에 받아 적고 문장이 왜 이렇게 만들어졌는지와 주어+동사까지 살펴보도록 합니다.

He	doesn't know	where	my house is.
그는	모른다 (=does not know)	곳	우리 집이 있는

문장 쓰기 연습④
긴 문장으로 확장하기

　주어, 동사를 포함한 기본 5가지 도형(○, △, ☆, □, ♡)을 통해 문장의 기초를 충분히 쌓고 나면, 조금씩 긴 문장으로 확장시켜볼 수 있습니다. 사실 기초 문장 쓰기를 꾸준히 하다 보면, 자연스럽게 쓰고 싶은 말이 더 생기거든요. 혹은 아이가 글을 쓰는 과정에서 몇 가지 질문만 더해도 더 많은 내용을 문장에 담아볼 수 있어요.

누구와, 언제, 어디서, 무엇을, 어떻게, 왜라는 육하원칙이 들어간 질문으로 문장을 더 길게 쓸 수 있도록 도와줍니다. (무엇의 경우 문장성분에 이미 포함된 경우에는 제외합니다.)

- 아이의 문장: I study English. (나는 영어를 공부한다.)

① 누구와: With who

문장의 주체가 되는 '누구(Who)'는 이미 주어에 담겨 있는 경우가 많아요. 그래서 주로 '누구와(With who)?'라는 질문으로 문장을 이어줄 수 있어요.

- 엄마의 질문: 누구랑 영어 공부해? **With who?**
- 확장된 문장: I study English **with Suji.**

  (나는 수지랑 영어를 공부한다.)

② 언제: When

문장에 조금 더 구체적인 정보를 담기 위해 '언제(When)?'에 대해서도 써볼 수 있어요. 주로 today(오늘), yesterday(어제), tomorrow(내일), last week(지난주), next month(다음 달), two days ago(이틀 전에), in two days(이틀 후에)와 같은 시간에 대한 말을 덧붙입니다.

- 엄마의 질문: 언제 영어 공부해? **When?**
- 확장된 문장: I study English **every day.**

　　　　　　　(나는 매일 영어를 공부한다.)

③ 어디서: Where

'어디에서(Where)?'라는 장소에 관한 질문을 던져볼 수 있어요. at home(집에서), in my classroom(나의 교실에서), in the language school(어학원에서), in Seoul(서울에서), in Korea(한국에서), on the street(거리에서)와 같은 장소에 대한 말을 붙여줍니다.

- 엄마의 질문: 어디에서 영어 공부해? **Where?**
- 확장된 문장: I study English **at home.**

　　　　　　　(나는 집에서 영어를 공부한다.)

④ 어떻게: How

'어떻게(How)?'라는 방법에 관해 이야기를 나눠봅니다. 동사에 따라 다르지만, 주로 교통수단 by bus(버스로), by car(차로), on foot(걸어서) 혹은 'by + 동사~ing(~함으로써)'라는 표현을 활용하게 됩니다.

- 엄마의 질문: 어떻게 영어 공부해? **How?**
- 확장된 문장: I study English **by reading English books.**

　　　　　　　(나는 영어책을 읽으면서 영어를 공부한다.)

⑤ 왜: Why

'왜(Why)?'라는 이유에 대해 적어봅니다. 이유를 묻는 말이기 때문에 아이가 조금 더 깊이 생각할 수 있도록 시간을 주면 좋아요. '~하므로'라는 뜻의 'because of + 명사' 혹은 'because 주어 + 동사', '~하기 위하여'라는 뜻의 'to + 동사'를 주로 쓰게 됩니다.

- 엄마의 질문: 왜 영어 공부해? **Why?**
- 확장된 문장: I study English **to go abroad.**

                (나는 외국에 가기 위해 영어를 공부한다.)

조금씩 익숙해지면, 육하원칙 중 여러 개를 붙여서 더 긴 문장으로 자연스럽게 확장해나갈 수 있어요.

확장된 문장	I	study	English	with Suji (누구와?)	every day (언제?)	to go abroad. (왜?)
	나는	공부한다	영어를	수지와	매일	외국에 가기 위해
	나는 외국에 가기 위해 수지와 매일 영어를 공부한다.					

확장된 문장	I	study	English	at home (어디서?)	by reading English books. (어떻게?)
	나는	공부한다	영어를	집에서	영어책을 읽으면서
	나는 집에서 영어책을 읽으면서 영어를 공부한다.				

밋밋한 문장을 꾸며준다고 해서 형용사와 부사를 액세서리에 비유하곤 합니다. 문장에서 반드시 써야 하는 필수 성분은 아니지만 더해주면 조금 더 멋스러운 문장으로 변신하는 것이죠. 조금 더 세밀하고 생생하게 표현하기 위해 형용사와 부사를 문장에 더해줍니다.

• 아이의 문장: The teacher rescued the cat.

(선생님이 고양이를 구출했다.)

① 명사를 꾸며주는 형용사 활용하기

사람이나 사물의 이름을 나타내는 명사를 꾸며주는 형용사를 더해줍니다.

크기	huge(거대한), small(작은), long(긴), short(짧은)
색깔	blue(파란), pink(분홍), yellow(노랑), white(하얀), green(초록), orange(주황)
모양	striped(줄무늬의), spotted(물방울무늬가 있는), star-shaped(별 모양의)
외모	pretty(예쁜), good-looking(잘생긴), slim(날씬한), plump(통통한), skinny(마른)
성격	friendly(다정한), cheerful(명랑한), shy(부끄럼이 많은), chicken-hearted(겁이 많은)
감정	sad(슬픈), happy(행복한), angry(화가 난), surprised(놀란), disappointed(실망한)

	The	**brave** (형용사1)	teacher	rescued	the **cute** (형용사2)	**tiny** (형용사3)	cat.
확장된 문장		용감한 선생님이		구출했다	귀엽고	작은	고양이를
	용감한 선생님이 귀엽고 작은 고양이를 구출했다.						

〈형용사 관련 워크시트〉

여러 가지 형용사를 알아두고 활용하면, 영어 글쓰기라는 요리의 쏠쏠한 양념이 됩니다. 형용사를 집중적으로 공부할 수 있는 자료를 활용해보세요.

릴리TV 강의
형용사

 그림으로 여러 가지 형용사를 학습할 수 있습니다.

 문장에 형용사를 더해보는 연습을 할 수 있습니다.

 문장에 형용사를 더해보는 연습을 할 수 있습니다. 알맞은 형용사를 선택하게끔 되어 있어서 문맥을 생각해보고 알맞은 형용사를 넣어볼 수 있습니다.

② 동사, 형용사, 부사를 꾸며주는 부사를 활용하기

형용사는 명사를 꾸며주고, 부사는 동사와 형용사와 부사 그리고 문장 전체까지 꾸며주는 역할을 합니다.

확장된 문장	The teacher	**very** (부사1)	**carefully** (부사2)	rescued	the cat.
	선생님이	매우	조심스럽게	구출했다	고양이를
	선생님이 고양이를 매우 조심스럽게 구출했다.				

일반 문장과 형용사와 부사를 모두 활용한 문장을 비교해볼게요. 문장이 조금 더 길어졌고 똑같은 상황을 더 세밀하게 묘사했습니다.

확장된 문장	The	**brave** (형용사1)	teacher	**very** (부사1)	**carefully** (부사2)	rescued	the **cute** (형용사2)	**tiny** (형용사3)	cat.
	용감한 선생님이			매우	조심스럽게	구출했다	귀엽고	작은	고양이를
	용감한 선생님이 매우 조심스럽게 귀엽고 작은 고양이를 구출했다.								

〈부사 관련 워크시트〉

형용사와 부사를 사용하다 보면 쓰임이 헷갈리는 경우가 많아서 형용사와 비교해 가면서 공부해보면 도움이 됩니다.

릴리TV 강의 부사

형용사와 부사를 문맥에 맞게 골라봅니다. 문장을 하나씩 읽으면서 형용사와 부사의 쓰임에 대해 자연스럽게 알아갈 수 있어요.

형용사와 부사를 채워가며 하나의 이야기를 만들어갑니다. 처음에는 단어의 의미를 최대한 유추해서 넣어보고, 그다음에는 사전을 찾아 단어 뜻을 알고 나서 넣어볼 수 있어요.

접속사로 연결하기

접속사를 잘 활용하면 보다 긴 문장을 쉽게 만들 수 있습니다. 처음부터 모든 종류의 접속사를 알려주고 암기하는 것보다는 하나씩 직접 문장을 보고 또 써보면서 익혀나가면 좋습니다. 책에서는 명확한 분류를 위해 문법 용어를 활용합니다. 하지만 아이들에게 처음 활용을 알려줄 때는 '접속사'나 '절'과 같이 생소한 문법 용어를 최대한 쓰지 않습니다. 자연스럽게 예시 문장을 보여주면서 따라서 흉내를 낼 수 있도록 하는 것으로 충분해요.

① 등위접속사

and(그리고), but(그러나), or(혹은)라는 등위접속사를 활용하여 더 많은 내용을 담은 긴 문장으로 만들어볼 수 있어요. and, but, or는 저울에 비유합니다. 같은 무게의 단어만 담을 수 있다고 설명해줍니다.

- 아이의 문장: I like melons. (나는 멜론을 좋아한다.)
- 확장된 문장1: 단어 하나 + 단어 하나

  I like <u>melons</u> **and** <u>strawberries</u>.

  (나는 멜론과 딸기를 좋아한다.)

- 확장된 문장2: 단어 덩어리 + 단어 덩어리

  I like <u>eating melons</u> **but** <u>not eating strawberries</u>.

(나는 멜론 먹는 것을 좋아하지만, 딸기 먹는 것은 좋아하지 않는다.)

- 확장된 문장3: 문장 + 문장

  I like eating melons **or** I like eating strawberries.

  (나는 멜론 먹는 것을 좋아하거나 혹은 나는 딸기 먹는
  것을 좋아한다.)

② **접속사 When**

'~할 때'라는 뜻을 가진 접속사 When은 가장 많이 활용하는 접속사 중 하나입니다. 아이들의 실제 영어 글쓰기에 많이 등장하기 때문에 꼭 알려주려고 합니다. 이때, When이 의문사로 쓰여 '언제'라는 뜻을 가질 때와 다르다는 것을 비교해서 지도해주시면 더 좋습니다.

- 아이의 문장: I watch a movie. (나는 영화를 본다.)
- 확장된 문장: **When I am free,** I watch a movie.

  I watch a movie **when I am free.**

  (한가할 때 나는 영화를 본다.)

접속사가 들어가서 확장된 문장이 먼저 나오면 첫 번째 문장처럼 쉼표(,)를 꼭 붙여주고, 뒤에 연결할 경우 두 번째 문장처럼 붙이지 않습니다. 두 문장 모두 뜻은 같습니다.

③ 접속사 Because

'~하므로'라는 뜻을 가진 접속사 Because 역시 활용도가 높은 접속사입니다. Because를 충분히 반복해서 쓸 때쯤이 되면, 같은 표현으로 활용할 수 있는 as와 since도 알려줍니다.

- 확장된 문장: **Because I am free,** I watch a movie.

  I watch a movie **because I am free.**

  I watch a movie **since** I am free.

  I watch a movie **as** I am free.

  (한가하므로 나는 영화를 본다.)

④ 접속사 If

'만약 ~라면'이라는 조건의 뜻을 가진 접속사 If도 유용하게 많이 활용됩니다.

- 확장된 문장: **If I am free,** I will watch a movie.

  I will watch a movie **if I am free.**

  (만약 한가하다면 나는 영화를 볼 것이다.)

⑤ 접속사 Although

'비록 ~일지라도'라는 뜻을 가진 접속사로 문장끼리 연결할 수 있도록 활용됩니다. 문맥에 따라 앞뒤 내용에 반전이 있어야 합니다.

Although를 충분히 반복해서 쓸 때쯤이 되면, 같은 표현인 Though와 Even though도 알려줍니다.

- **확장된 문장: Although I am busy,** I will watch a movie.

  I will watch a movie **although I am busy.**

  I will watch a movie **though** I am busy.

  I will watch a movie **even though** I am busy.

  (나는 바쁘지만 영화를 볼 것이다.)

이 외에도 While(~하는 동안에), After(~한 후에), Before(~하기 전에), Until(~까지) 등의 접속사들도 같은 방법으로 활용할 수 있습니다.

⑥ 명사절 접속사 That

문장 앞에 I ~ that을 붙이면 뜻이 더해집니다. 필요할 때 쉽게 붙여 쓸 수 있도록 충분히 훈련해주는 것이 중요합니다. 아이들이 실제로 글쓰기할 때 자주 사용하는 표현들만 간단히 보겠습니다.

- **I think (that)** (~라고 생각한다.)

I think (that) you like a movie. (나는 네가 영화를 좋아한다고 생각한다.)

- **I like (that)** (~라는 것을 좋아하다.)

I like (that) you like a movie. (나는 네가 영화를 좋아하는 것이 좋다.)

- **I am sure (that)** (~임을 확신한다.)

I am sure (that) you like a movie. (나는 네가 영화를 좋아한다고 확신한다.)

〈접속사 관련 워크시트〉

	등위접속사 And, But, Or, So를 문맥에 맞게 골라보면서 이해할 수 있습니다.	등위접속사 And, But, Or, So를 활용하여 두 개의 문장을 하나의 문장으로 만듭니다.
	접속사 When, Because, Until, If 등을 활용하여 문장을 길게 확장합니다. 직접 문장을 만들어야 하며, 지도할 때에는 모범답안을 참고할 수 있어요.	

확장4. 분사, 관계대명사로 확장하기

분사와 관계대명사라고 하면 중학생들도 어려워하는 문법이 아닌 가요? 네, 중학교 2학년 아이들도 헷갈리는 그 문법 맞습니다. 초등학생들의 영어 글쓰기에서는 문법 용어나 문제로 먼저 접근하기보다는 직접 여러 문장을 써보면서 자연스럽게 이해할 수 있도록 해줍니다. 다시 말하지만, 분사다 관계대명사다 용어를 설명하면서 문법을 가르치지 마세요. 직접 예시 문장을 보여줌으로써 비슷하게 자기 문장에 적용해서 써볼 수 있게 하는 것이 핵심입니다.

① 현재분사의 활용

- 아이의 문장: I saw Mom. (나는 엄마를 보았다.)
- 엄마의 질문: 엄마는 엄만데, 뭐 하는 엄마?

  -피자를 먹고 있는 엄마: Mom eat**ing** pizza

  -수학 공부 하고 있는 엄마: Mom study**ing** math

  -파스타 만들고 있는 엄마: Mom mak**ing** pasta

  -나한테 잔소리하고 있는 엄마: Mom nagg**ing** me

  -게임하는 엄마: Mom play**ing** game

- 확장된 문장: I saw Mom **eating** pizza.

  (나는 피자를 먹고 있는 엄마를 보았다.)

여기서 eating에 해당하는 것이 바로 현재분사입니다. 하지만 여러 번 반복해서 보여주니까 굳이 현재분사라는 문법 용어 없이도 자연스럽게 연습해볼 수 있겠죠?

② 관계대명사의 활용

- 아이의 문장: I have a friend. (나는 친구 한 명이 있다.)
- 엄마의 질문: 그 친구는 어디 살아?

  -옆집에 사는 친구: the friend **who** lives
  　　　　　　　　　　　　친구(사람)　　**어쩌나면**　살아

  next door
  옆집에

  너는 그 친구를 좋아해?

  -내가 좋아하는 친구: the friend **who(m)** I like
  　　　　　　　　　　　　친구(사람)　　**어쩌나면**　내가 좋아하는

- 확장된 문장 : I have the friend who lives next door.

  (나는 옆집에 사는 친구가 있다.)

여기서 who에 해당하는 것이 바로 관계대명사입니다. "어떤 사람인지 궁금하면 뒤에 who를 쓰고 설명을 붙여줘." 이렇게만 간단하게 알려주고 문장으로 연습해봅니다. 그리고 아이가 문장을 쓸 때 덧붙여서 쓸 수 있도록 말로 격려해주는 것도 좋은 방법이에요.

아이: I like my dad. (나는 아빠가 좋아요.)

엄마: My dad who~~~**who~~who~~ 어떤 아빠?**

아이: 음…Who~~ me like! (나를 좋아하는!)

엄마: My dad who likes me? (나를 좋아하는 아빠?)

아이: 네, I like my dad who likes me. (나는 나를 좋아하는 아빠를 좋아한다.)

사람을 꾸며주는 관계대명사 who에 익숙해졌다면, 사물을 묘사하는 which도 같은 방법으로 알려줄 수 있어요. 이미 관계대명사를 활용해보았기 때문에, 사람이 아닌 동물이나 사물일 때에는 who가 아닌 which로만 바꾸면 된다고 해주면 됩니다.

좋아하지

- 아이의 문장: I saw the dog who likes pizza.

개 어떠냐면   피자 (=피자를 좋아하는 개)
(나는 피자를 좋아하는 개를 봤다.)

- 엄마의 말: 우와, 연습 많이 하더니 정말 잘 썼다. 진짜 많이 늘었네? 아, 그런데 사람이 아니라 사물이나 동물을 꾸며 줄 때는 who 말고 which라고 쓰면 돼.
  the dog which likes pizza.

이렇게 칭찬에 무게를 싣고 교정은 가볍게 지나가듯이 해주세요. 다음에 또 실수하면 그때 또 고쳐보면서 배우게 되고, 문법을 배우면서도 알게 됩니다. 자꾸 써보고 틀리고 고치고 배우면서 실력을 쌓으면 됩니다.

7

문장 쓰기 연습⑤
배운 문법 적용하기

영어 문법을 언제부터 공부해야 좋을지 많이들 물어보십니다. 당연히 아이마다 영어 레벨도 다르고 어느 정도 수준에 이르고 싶은지 목표도 조금씩 다르므로 답으로 정해진 시기는 없겠지요. 하지만 너무 빠르지 않게, 그리고 너무 느리지 않게 시기별로 문법 공부가 필요하다고는 말씀드려요.

초등 1~2학년	초등 3~4학년	초등 4~6학년
문법 공부 X	바르게 말하고 쓰기 위한 기초 문법	본격적인 문법 공부 시작

① 초등학교 1~2학년

문법 공부를 따로 하지 않고 영어와 친해지는 시기입니다. 이때는 문법에 대한 고민 없이, 자유롭게 영어를 듣고 읽고 말하고 써보면 좋습니다. 엄마와 영어 그림책 읽기, 쉬운 리더스북 집중 듣기, 알파벳 쓰기, 파닉스 교재 풀어보기, 재밌는 영어 영상 보기 등의 학습에 집중해주시면 됩니다. 영어를 많이 보고 듣고 접할수록, 문법에 대한 감각이 자연스럽게 길러지거든요.

예를 들어, 'I buy an apple.'이라는 문장을 책이나 영상 등을 통해 접해본 친구들은 '나는 한 개의 사과를 산다'를 표현해야 할 때, 'I buy apple.'이라는 문장에 an을 붙이는 문법을 조금 더 자연스럽게 받아들입니다. 만약 나중에 an이 빠지면 왜인지 정확히 설명할 수는 없지만, 뭔가 어색하게 느껴지는 감이 생깁니다. 특히 영어책을 많이 읽은 아이들이 문법 감각이 뛰어납니다. 영어책을 듣고 보고 소리 내어 읽어볼 수 있도록 힘을 쏟아주세요.

② 초등학교 3~4학년

문법과 처음 만나는 시기입니다. 이때는 시험대비나 문제 풀이 위주의 문법이 아니라, 바르게 말하고 쓰기 위한 문법 공부를 합니다. 자신의 말과 글이 문법적으로 틀렸고, 그 이유를 설명해줬을 때 이해를 할 정도면 돼요. 예를 들어, 아이가 "She like me."라고 썼을 때, "He, she, it은 일반동사 뒤에 's'가 붙지?"라고 설명해주면, "아 맞다! 들어봤는데…. 그거였구나! 앞으로 고쳐 써봐야지!" 할 수 있을 정도면 됩니다.

문법은 계속 틀리고 고치기의 과정을 반복하면서 배워가거든요. 이 시기에도 역시 문법 이론보다 더 중요한 것은 영어책을 읽으면서 자연스럽게 문법에 익숙해지는 것이에요. 그런데 1~2학년의 시기보다는 더 정확하게 책을 읽고 쓰기 위해 기본적인 문법을 배우는 것이죠. "지나간 일을 쓸 때는 work가 아니라 worked라고 쓰는구나." "앞으로 할 거라고 말할 때는 will work라고 쓰는구나." 하는 식으로 문법에 젖어 드는 것이지요. 그리고 문법에 부족함을 느껴 따로 공부하고 싶다면 아주 쉬운 첫 단계의 문법 교재를 선택해볼 수 있어요. 하나씩 공부한 후에 배운 내용에 해당하는 것을 영어책에서 찾아보면서 확인해보는 것도 좋은 방법입니다.

예를 들어, 일반동사 과거형 규칙 변화를 배웠다면, 읽은 책에서 실제로 찾아보는 것입니다. "Dad wanted to go shopping.(아빠는 쇼핑하러 가고 싶어 하셨다.)"이라는 문장에서 wanted에 붙은 'ed'를 찾아서 표시해봅니다.

출처: 〈ORT 2단계, The Foggy Day〉

〈초등학교 3~4학년을 위한 문법 교재〉

초등 첫 영문법, 문법이 쓰기다 Starter
문법 용어에 대한 복잡한 설명 없이, 바르게 말하고 쓰기 위한 문법을 쉽게 연습할 수 있습니다. 문법과 연계된 글쓰기 연습을 충분히 할 수 있어요.

Spectrum Language Arts

기본적인 글쓰기 규칙을 위한 문법 교재입니다. 외서지만 답지가 잘 정리되어 있고 쉬워서 엄마표 영어 교재로도 활용 가능합니다.

혼공 초등영문법 8품사편

그림과 간단한 설명으로 꼭 필요한 문법 규칙을 쉽게 배울 수 있어요. 유튜브에 무료 강의가 있어, 강의를 듣는다면 혼자서 공부하기에도 좋습니다.

③ 초등학교 4~6학년

본격적으로 문법 공부를 시작하면 좋은 시기입니다. 이때는 중학교 시험대비를 위한 문법을 천천히 시작해볼 수 있어요. 그런데 너무 입시 위주의 문법과 독해에만 치중하는 것보다는 영어의 기초 실력을 쌓아주되 조금씩 시험대비 공부에 시동을 건다고 생각해주시면 좋을 것 같아요. 이 시기의 문법 공부에서는 일반동사, 형용사, 명사와 같은 기초 문법 용어에 대해 알아야 합니다. 그리고 중요한 것은 배운 문법으로 문장을 만드는 연습을 하는 것입니다. 문법을 공부하며 문장 쓰기를 연습하면 중학교 서술형 시험과 수행평가를 위한 기초 실력을 쌓을 수 있어요.

중학교 2학년 학생들의 내신대비를 지도할 때 보면, 기본적으로 문장 만들기가 안 되는 학생들은 시험 기간 안에 시험 준비를 하기가 어려워요. 배운 문법으로 객관식 문제도 접해보면 좋습니다. 다만, 문제 풀이는 양보다 질입니다. 간혹 문법을 미리 열심히 해두겠다며 하루에 몇십 문제, 심지어 몇백 문제짜리 문제집을 집에서 아이에게 풀게 하는 어머님을 만류한 적도 있어요. 많은 문제를 풀기보다는, 한 문제를 풀더라도 왜 정답인지, 정답이 아닌지 정확하게 파악하고 문제를 푸는 습관을 길러야 합니다.

〈초등학교 4~6학년을 위한 문법 교재〉

초등 첫 영문법, 문법이 쓰기다 기본
실제로 가장 많이 활용되는 동사부터 목차가 짜임새 있게 구성되어 있습니다. 쓰기 연습을 충분히 할 수 있고 문제가 너무 적거나 많지 않고 적당해서 학습하기 좋아요.

중학 영문법 클리어 1
예비 중학생을 위한 추천 교재입니다. 초등 영문법에서 배운 개념들을 비교하여 중등 수준으로 정리해볼 수 있습니다. 학교 시험 예상 문제와 서술형 쓰기 문제가 잘 나와 있어 중학시험 대비용으로 적합합니다.

문법 교재 활용하기

문법 교재를 활용하여 학습하게 되면, 배우는 문법을 활용하여 만들어진 많은 문장을 접하게 됩니다. 그리고 반복하여 영작 연습을 하게 되지요. 중학교 시험의 서술형 문제와 수행평가가 생겨나면서 쓰기 학습이 강조되다 보니, 시중의 문법 교재에서도 쓰기를 연습할 수 있는 페이지를 쉽게 찾아볼 수 있어요. 정해진 답에 맞게 영어로 문장을 만드는 영작을 충분히 하고 나면, 자신이 새롭게 만드는 문장을 써볼 수 있어요. 사실, 새로운 개념을 배우고 영작 연습을 하는 것만으로도 학습량이 많으므로 나의 문장은 딱 1~2문장 정도 가볍게 써볼 것을 권합니다. 간단하지만 꾸준히 부담 없이 할 수 있는 것이 중요해요. 영작했던 문장 중 마음에 드는 것을 골라 나의 문장으로 바꿔서 써보면 됩니다.

배운 문법	일반동사 과거형의 부정문
문법 교재 문장	I did not watch TV. (나는 TV를 보지 않았다.)
내가 만든 문장	Lily teacher did not read a book. (릴리 선생님은 책을 읽지 않았다.)

문법이라 하면 주로 시험을 위해 공부해야만 하는 것이라고 여겨지지만, 사실 문법은 본질적으로 정확히 듣고 읽고 말하고 쓰기 위해 배우는 도구입니다. 배운 문법을 활용해 실제로 문장을 만들어서 누군가에게 전달하거나 보여줄 기회를 주세요. 문법 공부에 도움이 될 뿐 아니라, 문법을 잘 배우면 더 많은 것을 표현할 수 있다는 것을 자연스럽게 인식하게 됩니다.

배운 문법	**최상급** (the + 형용사 est)
엄마에게 쓴 메시지	Mom is the prettiest woman. (엄마가 가장 예쁜 여자다.)
아빠에게 쓴 메시지	Dad is the smartest man. (아빠가 가장 똑똑한 남자다.)

저는 불어과를 졸업한 후 프랑스에서 공부한 적이 있어요. 프랑스에서는 학생이라면 주요 박물관과 미술관을 무료로 입장할 수 있어요. 학생이라 시간이 많아서 미술관에 그림을 보러 자주 갔어요. 그런데 신기하게도 항상 갈 때마다, 부모님과 아이들이 그림을 보고 서로 질

문하고 대화하는 것을 보았어요.

저 사람은 누구일까?
화가는 이 그림을 왜 그렸을까?
네가 저기 있다면 기분이 어떨 것 같아?

이런 질문을 받은 아이들은 그림을 자세히 봅니다. 관찰력이 길러지죠. 이렇게 그림에 대해 보이는 것과 보이지 않는 것을 여러 방면으로 생각해보면서 상상력을 키웁니다. 마지막으로 떠오른 생각을 대답하는 과정에서 어휘력과 논리력이 자랍니다. 이렇게 생활 속에서 문화와 접목해서 자연스럽게 사고력을 기르는 교육이 부러웠어요. 그래서 저는 학생들과 직접 미술관에 가지는 못하지만, 그림에 말을 거는 활동을 영어 교육에 접목했어요. 우리나라에서도 '명화 하브루타'라는 활동으로 잘 알려져 있습니다.

교과서에 있는 명화를 활용해도 좋고, 그림을 직접 찾아봐도 좋아요. '구글 아트 앤 컬처' 사이트에는 세계 미술관에서 볼 수 있는 다양한 그림들이 모여 있어요. 그림 찾기가 번거롭다면, 이미 가지고 있는 영어 그림책에 있는 그림을 사용해도 좋습니다. 그림을 보고 떠오르는 생각을 적거나, 질문을 적어보도록 합니다. 이때, 배운 문법을 적용해서 쓸 수 있는 한 문장을 쓰면 된다고 말해줍니다. 집에서도 어렵지 않게 해볼 수 있어요.

〈파라솔을 든 여인〉, 클로드 모네, 1875

엄마: 이 그림을 보고 오늘 배운 문법 '미래형'을 활용한 문장 하나 만들어 볼까?

아이: Woman will go restaurant. (여자는 식당에 갈 것이다.)

엄마: (실수를 눈감아주며) 아하, 그렇구나. 저 여자가 식당에 갈 것이라는 말이지?

아이: 네, 아이와 함께 점심을 먹으러 갈 것 같아요.

엄마: 그래? 그럼 저들이 어떤 음식을 먹으러 갈 거 같아?

CHAPTER 5.

영어 글쓰기 도전

일기 쓰기

목표: 5줄 이내 영어 일기를 쓸 수 있다.

1

영어 일기 쓰기,
쉽게 시작하는 방법

'우리 아이는 언제쯤 영어 일기를 쓸 수 있을까?'라고 많이 생각하실 텐데요. 사실 영어 문장을 탄탄하게 잘 잡고 나면, 자연스럽게 영어 일기로 이어지는 경우가 많습니다. 적절한 글감이 있고, 영어로 문장을 만들 수 있으면 충분히 시도해볼 수 있습니다. 간단히 나타내면 이렇습니다.

영어 일기 쓰기 = 글감 + 영어 문장 실력

하지만 막연히 빈 노트를 주고 영어 일기를 쓰자면 아이는 어디서 부터 어떻게 시작해야 할지 막막할 수도 있어요. 예전에 한 부모님이 아이가 수업 외에 따로 영어 일기를 쓰려고 하는데 혹시 선생님이 검사를 해주실 수 있냐고 했어요. 안 그래도 쓰기가 좀 부족한 친구여서 흔쾌히 그러겠다고 했습니다. 아이는 일주일에 한 번씩 노트를 가져왔어요. 그런데 쓴 일기를 쭉 보니 항상 반복되는 일과를 나타내는 단어와 표현만 계속 적어 왔어요.

어떻게 하면 집에서도 영어 일기를 쉽고 다채롭게 꾸준히 쓸 수 있을까요?

샘플 영어 일기 활용하기

백문이 불여일견, 내가 쓰려고 하는 형태와 수준의 영어 일기를 직접 보는 것이 중요합니다. 핵심은 리딩 수준에 맞거나 어려운 글이 아니라 내가 쓸 수 있는 수준의 간단한 글이어야 한다는 것입니다. 글을 먼저 읽고 따라 쓴 후에 나의 문장으로 바꿔 쓰거나 나의 문장을 만들어볼 수 있어요.

〈My Nickname〉

I have a special nickname.

My nickname is "Walking Dictionary."

My friends call me "Walking Dictionary" because I know a lot of words.

Also, I am really good at spelling.

I like my nickname.

제목: 내 별명/ 저는 특별한 별명이 있습니다./ 제 별명은 '걸어 다니는 사전'입니다./ 많은 단어를 알고 있어서 친구들은 나를 '걸어 다니는 사전'이라고 부릅니다./ 또한, 저는 철자를 정말 잘 씁니다./ 저는 제 별명이 좋아요.

(출처: EBS English의 NE Times KIDS, My Diary 중에서)

① 나의 문장으로 바꿔 쓰기

문장 쓰기 단계에서 바꿔 쓰기를 연습했다면, 아주 쉽게 따라 해볼 수 있습니다. 단, 문장 단위에서 문단으로 조금 더 호흡을 늘려가는 것이죠. 짧고 쉬운 글로 영어 일기 형태에 익숙해지는 과정입니다.

〈My Nickname〉

I have a **cute** nickname.

My nickname is **"Friendly Tiger."**

My friends call me **"Friendly Tiger"** because I **look like a tiger.**

Also, I am really **friendly.**

I **love** my nickname.

제목: 내 별명/ 저는 귀여운 별명이 있어요./ 제 별명은 '다정한 호랑이'입니다./ 친구들은 저를 호랑이 같다고 해서 '다정한 호랑이'라고 부릅니다./ 또한, 저는 정말 다정합니다./ 제 별명이 너무 좋아요.

② 나의 문장 직접 쓰기

바꿔 쓰기를 이미 충분히 했거나, 조금 더 높은 수준의 글쓰기에 도전하고 싶을 때는 나의 문장으로 직접 써도 좋습니다. 샘플 영어 일기를 보고 주제와 내용에 대해 아이디어를 얻은 다음에 써보면 됩니다. 처음부터 문단 전체를 직접 쓰기가 어렵다면, 바꿔 쓰기를 하다가 한 문장씩 직접 쓰기를 도전해서 늘려갈 수도 있어요.

My nickname is **"Friendly Tiger."**

I look like a tiger because I am tall.

I am always friendly. I say hi to friends.

I think my nickname is funny.

제 별명은 '다정한 호랑이'입니다./ 저는 키가 커서 호랑이처럼 보여요./ 저는 항상 다정합니다. 저는 친구들에게 인사를 합니다./ 제 별명은 재미있는 것 같습니다.

〈샘플 영어 일기로 활용할 수 있는 자료〉

EBS English의 NE Times KIDS, My Diary
EBS English에는 영어 일기에 활용할 수 있는 영어 신문 자료들이 있어요. 여러 섹션 중에서 My Diary라는 코너에 가면 161개 주제의 샘플 영어 일기를 볼 수 있어 추천합니다. 만약 샘플 영어 일기가 너무 길다면, 그중에서 5문장 이내로 뽑아서 써보면 됩니다.

또한, 쉽고 체계적으로 영어 일기 쓰기를 해보고 싶다면 적절한 교재를 활용할 수 있어요. 만약 영어 읽기와 쓰기에 조금 더 자신이 있다면, 외국 교재를 활용해도 좋습니다. 외국 교재의 장점은 원어민들이 쓰는 영어 표현을 접할 수 있다는 것 그리고 창의적인 생각 표현을 자유롭게 할 수 있게 구성되었다는 것입니다. 하지만 외국 교재는 영어로 문제를 읽고 이해하여 쓴 후에 정답이나 모범 답안이 따로 나와 있지 않은 경우가 있습니다. 페이지마다 해야 하는 활동이 매번 다르기도 하죠. 그래서 집에서 지도하기 다소 어려울 수도 있어요.

〈영어 일기 쓰기 추천교재〉

Write Right 1 Beginner

다채로운 주제의 영어 글쓰기 샘플을 볼 수 있어요. 아이디어 구성부터 단어, 문장, 문단 차례대로 공부할 수 있게 체계적으로 구성되어 있습니다. 1권부터 3권까지 단계별로 학습이 가능합니다.

1일 1쓰기 초등 영어일기

100가지 주제에 대한 영어 글쓰기 샘플을 볼 수 있습니다. 하루에 한 편씩 가볍게 쓸 수 있도록 구성되어 부담 없이 지속하기 좋습니다.

Spectrum Writing Grade 1

영어 일기 쓰기에 필요한 표현과 문장을 충분히 연습하고 글쓰기로 연결됩니다. 교재를 풀다 보면 자연스럽게 글의 구성 요소를 익힐 수 있고 창의적인 생각을 떠올릴 수 있도록 나와 있어요.

Draw Then Write (Grade 1~3)

그림을 따라 그리면서 쓰는 형태라 아이들이 훨씬 더 재미있어 합니다. 관련 단어와 문장 연습을 하고 나서 문단 쓰기로 가는 패턴입니다.

일기 주제를 정하고 나면, 어떤 내용을 써야 할지 막연한 경우가 많아요. 그래서 브레인스토밍을 함께 하고 쓸 내용을 정리하면 도움이 됩니다. 특히, 이 과정에서 내가 쓰고 싶지만 잘 모르는 단어나 표현을 미리 찾아두면 좋습니다. 이때는 완전한 문장이 아니라 간단한 키워드로 적도록 해주세요. 실제 영어 학원 라이팅 수업에서도 아이들과 꼭 같이 하는 부분이에요. 아이들과 함께 하다 보면 제가 예상했던 아이디어보다 훨씬 더 재밌고 다양한 생각이 나오는 경우가 많아요. 함께 떠올려보고 아이디어를 구조화하는 과정을 자연스럽게 배우고 익힐 수 있으므로 초반에는 꼭 같이 해보면 좋습니다.

① 일기 주제 정하기: Last Weekend (지난 주말)

일기 주제는 주로 아이들이 좋아하거나 쉽게 쓸 수 있는 것을 택하면 좋습니다. 날씨, 편지, 대화, 반성, 다짐, 계절, 음식, 학교생활, 놀이, 학원, TV 프로그램, 게임, 쇼핑, 효도, 감사, 우정, 주말, 나눔, 생일, 기념일, 영화, 공연, 여행, 체험, 속담과 같은 여러 가지 주제가 있어요. 가끔은 아이들이 재밌는 일기 주제를 자유롭게 떠올리게끔 하는 것도 좋습니다.

② 쓸 내용 미리 함께 떠올려보기

엄마와 함께 하기 전에 아이가 주제에 대해 스스로 자유롭게 생각할 시간을 주세요. 만약 아이가 스스로 생각하는 것을 아직 어려워하거나 내용이 지나치게 단편적이면 질문을 해주실 수 있어요. 긴 문장으로 확장할 때처럼, 육하원칙이나 형용사, 부사 등을 활용한 질문으로 쓸 내용을 함께 떠올려볼 수 있어요.

아이: 지난 주말, 할머니 댁에 갔어요.

엄마: 할머니 댁은 어디지?

아이: 부산이요.

엄마: 좋아, 우리 가서 뭐 했지?

아이: 같이 만두 만들었어요. 그런데 만두가 영어로 뭐죠?

엄마: 그러게, 같이 찾아볼까?

아이: dumpling이라고 쓰여 있어요.

엄마: 어떤 만두였지?

아이: 김치만두!

엄마: 맛이 어땠어?

아이: 매웠어요.

엄마: 마치 뭐처럼 매웠어?

아이: 엄마의 잔소리처럼요.

엄마: 아이고. 무서워서 잔소리도 못 하겠다.

아이: 재밌는 표현을 위해 쓴 거예요.

〈아이의 노트〉

1) grandmother's house, Busan (할머니 댁, 부산)

2) dumpling, make, kimchi (만두, 만들다, 김치)

3) very spicy, my mom's nagging (아주 매운, 우리 엄마의 잔소리)

③ 글쓰기

키워드로 찾아놓은 단어를 활용하여 문장을 만듭니다. 마찬가지로 아이가 먼저 스스로 쓸 수 있게 해주세요. 문장 쓰기 단계를 거쳐왔다면, 완벽하지는 않아도 써볼 수 있어요.

〈아이의 노트〉

I went to my grandmother's house.

We made kimchi dumplings

they were as spicy as my mom's nagging.

저는 할머니 댁에 갔어요.

우리는 김치만두를 만들었습니다.

그 만두는 우리 엄마의 잔소리처럼 아주 매웠어요.

[학생의 의도에 맞게 변형하여 번역하였습니다]

④ 점검하기

먼저 도전한 용기를 높이 사서 칭찬 샤워를 해줍니다. 그러고 나서 아이가 쓴 문장을 소리 내어 읽어보게 합니다. 읽으면서 틀린 것이 눈에 보이면 스스로 고쳐도 된다고 말해줍니다. 여기서 아이의 목표, 성향, 레벨에 따라 틀린 부분을 지금 고쳐줄 것인지, 고쳐준다면 얼마나 고쳐줄 것인지를 결정합니다. 지금 당장 고치지 않아도 일기를 잘 모아놓았다가 나중에 다시 읽어보면 틀린 부분이 분명 보이기 때문에 다음에 교정해보아도 됩니다. 고쳐주는 경우, 대문자와 구두점을 먼저 살펴보게 합니다.

목표	유창성	정확성
성향	민감함	학습욕구 높음
레벨	낮은 단계(시작 단계)	높은 단계
점검	많이 고쳐주지 않는다.	모두 고쳐준다.

엄마: 대문자로 안 쓴 곳이 한 군데 있네? 어딜까?

아이: 아! 맞다, They.

엄마: 마침표 깜빡한 곳은?

아이: 아! dumplings.

엄마: 어딘지 안 가르쳐줬는데도 잘 찾네?

〈영어 일기 첨삭 사이트〉

Grammarly

다운로드를 받으면 쉽게 활용할 수 있어요. 문법 오류, 구두점, 스펠링 모두 잡아줍니다. 워드, SNS에서 다양하게 무료로 활용할 수 있어요. 유료로 활용할 경우 바꿔 쓸 수 있는 단어 추천, 글의 톤과 매너를 교정해주는 등의 서비스를 이용할 수 있습니다. 모바일 앱도 활용할 수 있어요.

Virtual Writing Tutor

무료 사이트이며, 사이트 내에 글을 입력하면 단어 수와 문법 구두점, 단어를 각각 점검해줍니다. 특히 단어 수를 확인해야 할 때 유용하게 활용할 수 있어요.

Ediket Now

실시간으로 원어민에게 첨삭받을 수 있는 사이트입니다. 단어당 0.03달러로 측정되어, 200단어 기준 7000~8000원 사이에 이용해볼 수 있어요. 첨삭 요청을 누르면 선생님과 실시간 매칭이 되어 글을 바로 고쳐주며, 내 글이 고쳐지는 과정을 볼 수 있어요. 그 과정에서 이해가 가지 않거나 궁금한 것이 있으면 채팅으로 질문할 수도 있어요..

2

영어 일기 연습①
날짜, 날씨 표현 알아보기

영어 일기를 쓸 때, 날짜와 날씨를 나타내는 표현을 함께 기록하면 좋습니다. 날짜를 올바르게 쓰고, 날씨를 다양하게 표현하는 방법을 익히는 것입니다. 초등학교 교과서에서도 중요하게 배우는 내용이기 때문에 꼭 알아두고 직접 써보면 도움이 되겠죠. 제가 대형학원에 근무했을 때, 중학교 1학년 학생이 '8월'을 영어로 몰라서 듣기평가에서 틀린 것을 보고 너무 안타까워했던 적이 있어요. 그리고 의외로 중학생 친구들도 날짜를 영어로 쓰지 못하는 경우가 꽤 있어요. 어릴 때부터 날짜를 꾸준히 써볼 기회를 주세요.

영어로 날짜 쓰는 방법

우리나라 말로는 2022년 2월 15일이라고 합니다. 년/월/일 순서로 표시하는 것이 일반적이지요. 미국에서는 월/일/년 순서로 씁니다. 그런데 영국은 조금 달라요. 일/월/년입니다. 대학생 때 영국에서 잠깐 공부한 적이 있었는데, 날짜를 쓰는 방식이 배운 것과 달라서 갸우뚱한 기억이 있어요. 지적 호기심이 부족했던 탓인지 크게 신경 쓰지 않고 내가 잘못 알았나 보다 했는데, 알고 보니 나라마다 표기법이 조금씩 다른 것이었어요. 그래서 아이들에게는 꼭 비교해서 알려줍니다.

엄마의 질문: What is the date today? (오늘 날짜가 뭐지?)
아이의 대답: It is February 15, 2022. (2022년 2월 15일이에요.)
엄마의 질문: What day is it? (오늘 무슨 요일이지?)
아이의 대답: It is Tuesday. (화요일이에요.)

(일기장)
Tuesday, February 15, 2022
(요일, 월 일, 연도)

매일 쓰는 영어 일기에서는 간단하게 2/15/2022라고 숫자만 적어도 됩니다. 저는 쓰기 훈련을 위해 정식으로 쓰게 한 후에 충분히 연습이 되면 약식으로 쓰도록 합니다.

① 나라별 날짜 표기법

한국	년/월/일	2022년 2월 15일
미국	월/일/년	February 15, 2022
영국	일/월/년	15 February 2022

※영국식 표기법에서는 연도 앞에 쉼표를 쓰지 않아도 됩니다.

② 요일 표기법

월요일	화요일	수요일	목요일	금요일	토요일	일요일
Monday	Tuesday	Wednesday	Thursday	Friday	Saturday	Sunday
Mon.	Tue.	Wed.	Thu.	Fri.	Sat.	Sun.

③ 월 표기법

1월	2월	3월	4월	5월	6월
January	February	March	April	May	June
Jan.	Feb.	Mar.	Apr.	May	Jun.
7월	8월	9월	10월	11월	12월
July	August	September	October	November	December
Jul.	Aug.	Sep.	Oct.	Nov.	Dec.

④ 일 표기법

1일	2일	3일	4일	5일	6일
1st	2nd	3rd	4th	5th	6th
first	second	third	fourth	fifth	sixth

7일	8일	9일	10일	11일	12일
7th	8th	9th	10th	11th	12th
seventh	eighth	ninth	tenth	eleventh	twelfth

13일	14일	15일	16일	17일	18일
13th	14th	15th	16th	17th	18th
thirteenth	fourteenth	fifteenth	sixteenth	seventeenth	eighteenth

19일	20일	21일	22일	23일	24일
19th	20th	21st	22nd	23rd	24th
nineteenth	twentieth	twenty first	twenty second	twenty third	twenty fourth

25일	26일	27일	28일	29일	30일
25th	26th	27th	28th	29th	30th
twenty fifth	twenty sixth	twenty seventh	twenty eighth	twenty ninth	thirtieth

31일
31st
thirty first

※ 쓸 때는 날짜를 기수(15)나 서수(15th)로 모두 쓸 수 있지만,
읽을 때는 위와 같이 서수(fifteenth)로 읽습니다.

날씨를 표현하는 다양한 방법

영어 일기를 쓰다 보면 날씨를 언급하게 되는 경우가 많습니다. 기본적인 날씨 표현 외에도 다양한 표현들을 익히고, 또 새로운 표현을 만들어서 사용할 수 있게 해주면 영어 일기가 더 풍성해집니다. 어휘의 한계는 표현의 한계이기 때문에, 되도록 많은 어휘를 알려주고 골라서 써보게 하다 보면 실제 사용할 수 있는 어휘 실력이 향상됩니다.

① 날씨 관련 기본 어휘와 표현

It was **sunny**. (화창했다.)

It was a **sunny** day. (화창한 날이었다.)

The weather was **sunny**. (날씨는 화창했다.)

☀	🌡	☁	⛅	💨	〰	☂
화창한	더운	흐린	부분적으로 구름 낀	바람 부는	안개 낀	비 내리는
sunny	**hot**	**cloudy**	**partly cloudy**	**windy**	**foggy**	**rainy**

🌡	🌬	🌡	❄	🌨	🌪	⛈
따뜻한	시원한	추운	매섭게 추운	눈 오는	폭풍 치는	천둥 치는
warm	**cool**	**cold**	**freezing**	**snowy**	**stormy**	**thundery**

② 날씨 관련 표현 익히기

기본 어휘와 표현 외에도 여러 가지 표현들을 읽어보고, 골라서 직접 활용해보면 좋습니다. 아이들에게 한 가지씩 새로운 표현을 알려주고 써보라고 하면, 실제로 다음 글쓰기 때에도 그 표현을 적는 경우가 많아요. 한 가지 표현을 반복해서 활용하면 정말 내 것이 됩니다.

봄	따뜻해졌다.	It became warmer.
	하늘이 정말 깨끗했다.	The sky was very clear.
	오늘 상쾌한 바람이 불어요.	There's a fresh breeze today.
	황사가 돌아왔다.	Yellow dust has returned.
	하늘이 뿌옇습니다.	The sky was hazy.
	벚꽃이 활짝 폈어요.	The cherry blossoms were in full bloom.
여름	끈적이는 날씨였다.	It was sticky.
	너무 더워 날씨가 펄펄 끓었다.	It was boiling outside.
	더위를 참을 수 없었다.	I couldn't bear the heat.
	온종일 땀을 흘렸다.	I sweated all day.
	불볕더위였다.	There was a heatwave.
	너무 습하고 후덥지근했다.	It was humid and muggy.
	나는 (비를 맞고) 흠뻑 젖었다.	I got soaking wet.

	나무들이 빨갛고 노랗게 변했다.	The trees turned red and yellow.
	나는 낙엽을 밟았다.	I crunched the fallen leaves.
가을	날씨가 살짝 쌀쌀해졌다.	It became a bit chilly.
	가을바람이 시원했다.	The autumn breeze was cool.
	옷을 두툼하게 입었다.	I bundled up.
	눈송이가 내리고 있었다.	The snowflakes were falling.
	눈이 거리에 쌓였다.	Snow piled up on the street.
겨울	우리는 커다란 눈사람을 만들었다.	We made a big snowman.
	내 친구들에게 눈을 뿌렸다.	I sprinkled snow on my friends.
	손이 얼었어요.	My hands were iced up.

③ 영어책에서 좋은 날씨 표현 발굴하기

영어책을 많이 보면 언어의 마술사인 작가들이 쓴 좋은 표현법을 자연스럽게 접할 수 있습니다. 인상 깊은 어휘나 표현이 있다면 따로 적어두었다가 활용하는 것도 좋은 방법이에요. 날씨 관련 영어책에서 좋은 표현들을 찾아봅니다. 예를 들어, 《Ladybird Magic Windows: Weather》라는 책을 보면, "Behind the clouds, the sun sits. It waits for clear skies to shine. (구름 뒤에는 태양이 앉아 있습니다. 하늘이 맑아져 빛나기를 기다립니다.)"라는 아름다운 표현이 있어요. 이런 표현들을 보고 적어두었다가, 베껴 써보거나 비슷하게 활용해보아도 좋습니다.

Wuthering Heights: A Babylit Weather Primer

날씨별로 아름다운 그림과 함께 멋진 표현들이 소개되었어요. 어휘 수준이 다소 높다는 것을 참고해주세요.

Ladybird Magic Windows: Weather

날씨가 예쁘고 간결하게 묘사된 책입니다. 날씨별로 활용하기 좋은 표현들이 있어 필사하기에도 좋습니다.

Ready-to-Read Level 1: The Wonderful Weather

AR1~2 수준의 리더스북 시리즈로 6가지 날씨에 관해 읽을 수 있고 관련한 다양한 표현을 자연스럽게 익힐 수 있습니다. 시리즈에 가장 낮은 단계 《Rain》(AR1.2)부터 《Sun》(AR2.8)까지 골고루 있어서 수준에 맞춰 읽을 수 있습니다. .

National Geographic Kids: Weather

논픽션 리더스북 24권 시리즈 중 한 권으로 날씨에 관한 사실적 내용을 담고 있습니다. 날씨에 관련하여 지식도 쌓고, 영어 표현을 배울 수도 있어요. 주로 한 페이지당 어렵지 않은 1~5문장 이내로 구성되었습니다. 독해를 시작하는 초등학생들이 읽기에 적당한 레벨이지만, 더 높은 수준의 학생들도 글쓰기 학습 시 표현을 익히기 위해 활용할 수 있어요.

창의적인 날씨 표현 직접 만들기

"가장 개인적인 것이 가장 창의적이다"라는 마틴 스코세이지 감독

님의 명언이 있죠. 마찬가지로 가장 창의적인 표현은 아이가 직접 만드는 표현입니다. 약간의 지침만 잘 주면, 아이들이 정말 재밌게 잘 쓰거든요. 글쓰기 결과물이 풍부해질 뿐 아니라 과정 자체에서 재미를 느낍니다. 우리 아이만의 생각을 발현하도록 도와주세요.

① 의인화하기

날씨를 사람으로 생각하고 표현하기 활동을 해봅니다. 수업 시간에도 어른인 저보다 아이들이 훨씬 더 기발한 아이디어를 많이 냅니다. 날씨가 사람이 된 것처럼 상상해서 표현해보라고 한 후에 몇 개의 예시를 보여주면 됩니다. 아이가 자유롭게 생각하고 표현할 시간을 주세요. 그런 다음 왜 그런 표현을 썼는지 꼭 물어봐주세요.

The sky cried all day. (하늘은 온종일 울었어요.)
The clouds stole the sun. (구름이 해를 훔쳐 갔어요.)

② 직유법 쓰기

국어에서도 글쓰기를 위해 직유법을 활용하듯이 영어에서도 직유법을 활용하여 비유적인 표현을 해볼 수 있어요. 마찬가지로 아이가 충분히 생각할 시간을 주고 구애받지 않고 자유롭게 표현하도록 해주세요. 멋진 표현이 아니어도, 혼자 만들다가 킥킥 웃어도 괜찮아요. 일단 과정이 즐겁다면 반은 성공입니다. like(~처럼)라는 단어를 활용해서 만들어봅니다.

It was cool like a cucumber. (오이처럼 시원한 날씨였어요.)

It was hot like an angry face. (화난 얼굴처럼 뜨거운 날이었어요.)

③ 오감 활용 표현 쓰기

시각, 청각, 촉각, 후각, 미각인 오감을 활용하면 뇌 신경을 즐겁게 깨웁니다. 뇌의 전두엽, 후두엽, 측두엽 그리고 뇌간과 척수까지도 춤추게 한다고 하니, 어떻게 아이들의 오감을 자극해줄 수 있을까 고민하게 되지요. 실제 수업 시간에 다양한 오감 자료를 사용하기도 하지만, 글쓰기에서 오감을 자극하는 활동을 간단히 해봅니다. 날씨를 창의적으로 표현하고 싶을 때도 오감 질문을 활용해볼 수 있어요. 오감 표현도 주로 비유법으로 표현되기 때문에, 비유법 표현을 충분히 연습해보고 시도해보면 좋습니다.

- **시각**: "오늘 날씨를 보니 무엇이 보이는 것 같은지 상상해보자."
It is windy. I can **see** the clouds farting.
(바람이 불어요. 구름이 방귀 뀌는 게 보여요.)

- **청각**: "오늘 날씨에서 무엇이 들리는 것 같니?"
The weather is sunny. I can **hear** "Let's play."
(날씨가 화창해요. "함께 놀자"라는 말이 들려요.)

- **촉각:** "하늘을 만져보면 어떤 느낌이 들 것 같아?"

Today is warm. I can **feel** the soft cake.

(오늘은 따뜻해요. 부드러운 케이크가 느껴져요.)

- **후각:** "오늘 날씨에서 무슨 냄새가 나니?"

It is raining. It **smells** like a fish store.

(비가 와요. 생선가게 냄새가 나요.)

- **미각:** "오늘 날씨를 먹으면 무슨 맛이 날까?"

It is a hot day. It **tastes** like boiling ramen.

(더운 날이에요. 펄펄 끓는 라면 맛이 나요.)

〈온라인에서 외국인 친구 사귀기〉

영어 일기를 재밌게 쓰는 방법의 하나는 외국인 친구에게 직접 영어로 간단한 편지를 써보는 것입니다. 자기소개, 나의 일상생활 이야기, 한국 문화 공유 등 다양한 소재로 영어 글쓰기를 시도해볼 수 있습니다.

GLOBAL PENFRIENDS
간단한 자기소개와 사진 업로드를 거쳐 사이트에 무료로 가입할 수 있어요. 펜팔을 원하는 친구의 성별, 연령대 및 국적을 설정해놓을 수 있으며 프라이버시 설정을 할 수 있어서 안전하게 친구를 찾을 수 있어요. 저도 현재 유용하게 활용하고 있는 사이트이며, 세계 각지의 친구들과 소통하고 있어요.

3

영어 일기 연습②
다양한 시제 훈련하기

영어 일기를 쓰다 보면 문맥 속에서 자연스럽게 다양한 시제를 써야 하는 경우가 많습니다. 일반적 일기는 지난 일을 쓰기 때문에 과거 시제를 많이 활용합니다. 하지만 자기의 생각이나 평소의 습관을 나타낼 때는 현재시제를 사용하지요. 그리고 앞으로의 다짐, 계획은 미래시제로 나타내게 됩니다. 이처럼 하나의 글에서도 다양한 시제가 등장하기 때문에 각각의 시제가 어떤 뜻을 가지며, 어떨 때 사용되는지 알면 좋습니다.

I play games a long yesterday.

Mom get angry and nag me.

I think she is sweet but scary.

I not play games often.

나는 어제 게임을 오래 했다./ 엄마는 화가 나서 잔소리했다./ 엄마가 다정하지만 무섭다고 생각한다./ 나는 게임을 자주 하지 않을 것이다.

[학생의 의도에 맞게 변형하여 번역하였습니다]

초등학교 3학년 서진이가 영어 일기를 쓰기 시작한 지 얼마 되지 않았을 때 쓴 글이에요. 문장 쓰기 단계에서 주어와 동사를 넣고 문장을 만드는 연습을 열심히 했던 친구라, 짧은 영어 일기 쓰기를 비교적 수월하게 시작했습니다. 아이들이 라이팅을 하고 검사를 받으면 일부러 꼭 소리 내어 읽어줍니다. 그런 다음 재밌다고 웃어주거나 열심히 잘 썼다고 크게 칭찬해줍니다.

하지만 동시에 글을 보면서 이 아이가 지금 어떤 부분을 잘 모르고 있는지, 어떻게 조금 더 발전시켜줄 수 있을지 생각해요. 서진이는 다양한 시점의 일들을 표현하고 싶어 했지만, 실제 일기에서는 모두 현재시제로만 나타냈어요. 마음속으로는 여러 시점의 일들을 떠올리고 쓰지만, 영어로 다양한 시제를 쓰지 못 하는 친구들이 많습니다.

시제를 바르게 쓸 줄 모르는 아이들을 걱정하는 학부모님들은 특히 아이의 문법 공부에 대해 문의를 많이 하십니다.

"아무래도 시중에 나와 있는 문법책을 한 바퀴라도 돌고 나면 훨씬 좋아지지 않을까요?"

실제로 영어 글쓰기를 시작하기 위해 문법책부터 찾거나 문법 과외를 따로 알아보는 일도 있어요. 제가 주로 드리는 답변은 이렇습니다.

"아직은 우선순위로 듣기, 읽기에 조금 더 집중해주세요. 물론, 문법 공부를 하면 궁극적으로 쓰기에 도움이 됩니다. 하지만 쓰기를 할 때 꼭 필요한 문법은 실제 쓰기 훈련을 할 때 간단하게 설명해줄 수 있어요. 이렇게 직접 쓰면서 배운 여러 가지 문법 지식이 모이고 나서 문법 공부를 체계적으로 시작하면, 이해도 훨씬 잘되고 배운 것들이 머릿속에 정리됩니다."

물론, 고학년 학생의 경우, 글쓰기를 할 때 문법 공부를 병행하도록 권하기도 합니다. 하지만 문법책으로 완벽하게 문법 공부를 해야지만 영어 글쓰기를 잘할 수 있는 것은 아닙니다. 아이가 반복해서 실수하거나 꼭 알아야 하는 최소한의 문법 지식을 그때그때 간단히 설명해주는 것이 좋습니다. 그 개념을 잘 이해하고 쓸 수 있으면 다른 개념들을 하나씩 더해주면 됩니다.

I play**ed** games **for a long time** yesterday.

Mom **got** angry and nag**ged** me.

I think she is sweet but scary.

I **will** not play games often.

나는 어제 게임을 오래 했다./ 엄마는 화가 나서 잔소리했다./ 엄마가 다정하지만 무섭다고 생각한다./ 나는 게임을 자주 하지 않을 것이다.

예를 들면, 여기서 서진이에게는 과거시제의 간단한 규칙만 알려 줍니다.

엄마: 여기서 play game은 매일 '하다'가 아니라 어제 '했다'라는 말을 쓴 거지? play game '게임하다'에 ed를 붙여 써주면 played game '게임했다'라고 지난 일을 나타내는 말이 돼. 신기하지?

아이: 네, 옛날에 했다는 거네요?

엄마: 응, 맞아. nag는 '잔소리하다'라는 뜻이야. 그렇다면 '잔소리했다'라는 말은 어떻게 쓸까?

아이: naged.

엄마: 이야, 벌써 이해했구나. g를 하나 더 붙여서 nagged라고 써준대. 잘했어!

영어 일기 쓰기에 필요한 시제 관련 문법은 다음과 같이 과거시제, 미래시제, 현재진행, 과거진행의 4단계로 확장해나갈 수 있습니다.

단계1. 과거시제 배우기

어제(yesterday), 3일 전에(three days ago), 작년에(last year)처럼 이미 지나간 일을 나타내는 과거라는 개념을 알려줍니다. 보통, 평소에 습관적으로 하는 현재라는 개념과 비교해서 알려주세요.

현재시제(보통, 평소에 습관적으로 하는 것)	과거시제(이미 지나간 일)
He **cleans** his room. (그는 자기 방을 **청소한다**.)	He **cleaned** his room yesterday. (그는 어제 자기 방을 **청소했다**.)
I **eat** chicken. (나는 치킨을 **먹는다**.)	I **ate** chicken the day before yesterday. (나는 그저께 치킨을 **먹었다**.)

 릴리TV 강의
일반동사 과거형
규칙

 릴리TV 강의
일반동사 과거형
불규칙

〈과거와 현재시제 워크시트〉

 K5 Learning
과거와 현재 시제를 비교하여 학습할 수 있는 자료입니다. 먼저, 아는 단어들을 연결해보고 모르는 단어는 사전을 찾아 확인한 후 외우면 좋습니다.

현재와 과거를 배웠다면, 미래시제를 학
습합니다. 미래란 앞으로 일어날 일을 나타
내고 싶을 때 쓰는 것이라고 말해줍니다.

릴리TV 강의
미래형

동사의 원래 형태 앞에 will을 붙여주면 된다고 알려주세요. 이때는 이
미 배운 현재와 과거를 함께 비교하면서 공부하면 좋아요.

과거(이미 지난 일)	현재(평소에 꾸준히 하는 일)	미래(앞으로 할 일)
He slept. (그는 잤다.)	He sleeps. (그는 잔다.)	He will sleep. (그는 잘 것이다.)

미래의 will이 어느 정도 익숙해졌을 때, Be going to~(~하려고 하
다)까지 확장해서 써볼 수 있어요. 모두 미래에 관한 일을 말할 때 사
용하지만, 둘의 차이가 무엇인지 간단하게 설명해줄 수 있어요.

Will		Be going to	
~할 것이다(즉흥적, 불확실한 느낌)		~하려고 하다(계획적, 확실한 느낌)	
나의 의지	I will not(=won't) go. (나는 가지 않을 거야.)	나의 계획	I am going to study English tomorrow. (나는 내일 영어 공부 하려고 해.)

순간의 결정	A: I lost my pen. (나 펜 잃어버렸어.) B: I will lend you mine. (내 것 빌려줄게.)	이미 확정된 일	A: Did you buy a pen? (펜 샀어?) B: No, I am going to buy one tomorrow. (아니, 내일 사려고 해.)
불확실한 미래	It will probably rain. (아마 비 올 것 같아.)	확실한 미래	It is going to rain. (비가 올 거야.) [구름 색깔이 심상치 않아.]

〈과거, 현재, 미래시제를 비교하며 공부할 수 있는 워크시트〉

K5 Learning

과거, 현재, 미래시제를 비교하여 학습할 수 있는 자료입니다. 빈칸을 채워보고 모르는 것은 답지를 보고 나서 암기합니다. 암기 후, 현재형 동사를 하나씩 잘라서 뒤집습니다. 뒤집은 카드를 뽑아 과거형과 미래형을 말해봅니다. 예를 들어, 'look at(~을 보다)'이라는 카드를 뽑으면 "looked at(~을 보았다), will look at(~을 볼 것이다)"이라고 말합니다.

K5 Learning

문장을 읽고 과거, 현재, 미래시제를 구분해봅니다. 그 후 간단한 주제에 대해 3가지 시제를 구분하여 문장을 자유롭게 만듭니다.

① 영어책 활용하기

영어책을 읽으면서도 한두 문장 정도를 뽑아서 어떤 시제가 쓰였는지 확인해볼 수 있어요. 그런 다음 시제를 바꾸어볼 수 있도록 해보세요. 단, 너무 진지하지 않게 영어책을 읽으면서 재미로 살짝 더해주세요.

엄마: Biff looked round the kitchen. 언제 일어난 일일까?
현재, 과거, 미래?

아이: 과거.

엄마: 어떻게 알았지?

아이: looked에 과거를 나타내는 'ed'가 붙었어요.

엄마: 딩동댕! 그럼 looked의 현재, 미래형은?

아이: look, will look.

엄마: You have a memory of an elephant! (기억력이 최고야.)

(출처: ORT 7단계 《The Broken Roof》)

② 주어 넣어서 시제 바꾸기

같은 내용을 배워도 일반적으로 배우는 것보다 나의 실생활과 연결해서 배우면 아이들의 흥미를 일으키고 학습 효과도 더 높일 수 있어요. 자신의 이름 혹은 좋아하는 사람의 이름을 주어로 넣어도 그 사람을 떠올리면서 재밌게 써볼 수 있어요.

slept	sleep	will sleep
Suga slept. (슈가는 잤다.)	**Suga** sleeps. (슈가는 잔다.)	**Suga** will sleep. (슈가는 잘 것이다.)

③ 나의 일과 돌아보기

실제 나의 모습을 생각하면서 과거, 현재, 미래시제를 학습합니다. 재미를 더하기 위해 짧은 시간을 주고 간단한 그림을 그리게 해주셔도 좋아요. 궁금한 단어가 있다면 과거, 현재, 미래형을 직접 찾아 적을 수 있게 해주시면 됩니다.

Yesterday(어제)	Usually(평소에)	Tomorrow(내일)
Lily **met** her friend. (릴리는 친구를 만났다.)	Lily **listens** to music. (릴리는 음악을 듣는다.)	Lily **will go** shopping. (릴리는 쇼핑하러 갈 것이다.)

단계3. 현재진행 배우기

현재, 과거, 미래시제 활용에 익숙해졌다면, 진행시제 문장을 도전해볼 수 있어요. 진행시제는 주로 어떠한 상황이나 장면을

릴리TV 강의
현재진행형

묘사할 때 씁니다. 아이들이 현재진행과 현재시제를 많이 혼동하기 때문에, 꼭 현재시제와 비교해서 알려줍니다.

현재	현재진행
Be동사, 일반동사	Be동사 + ~ ing
(~한다) 평소에 반복적 규칙적 일반적으로 하는 일	(~하고 있다, ~ 하는 중이다) 지금 하고 있는 일
A: What does Lily do? (릴리는 무엇을 해?) B: She teaches English. (그녀는 영어를 가르쳐.)	A: What is Lily doing? (릴리는 지금 무엇을 하고 있어?) B: She is eating the chicken now. (그녀는 지금 치킨을 먹고 있어.)

영어에는 총 12가지 시제가 있습니다. 과거, 현재, 미래 3가지를 기점으로 일반시제, 진행시제, 완료시제, 완료 진행 시제까

릴리TV 강의
과거 진행형

지 있거든요. 하지만 초등학생들이 영어 일기를 쓸 때는 일반시제, 현재진행, 과거진행까지만 잘 활용해도 충분히 좋은 글쓰기가 될 수 있어요. 일반적으로는 영어 에세이를 쓸 수준에 올라가서 완료시제를 학습해도 좋습니다.

현재진행형을 이해했다면, 쓰임과 형태가 비슷한 과거진행형을 쉽게 이해할 수 있어요. 과거시제와 비교해서 개념을 이해하고 과거시제와 함께 써보면서 학습하는 것을 추천합니다.

과거	과거진행
Be동사, 일반동사의 과거형	Be동사의 과거형 + ~ ing
~했다 (과거에 했던 일)	~하고 있었다, ~하는 중이었다 (과거의 한 장면 속에서 하고 있던 일)
A: What did you do last week? (지난주에 뭐 했어?) B: I **went** to the zoo. (나 동물원 <u>갔어</u>.)	A: What were you doing at the zoo? (너 동물원에서 뭐 하고 있었어?) B: I **was feeding** the alpacas. (나 알파카들 밥을 <u>주고 있었어</u>.)

<과거와 과거진행을 비교하여 공부할 수 있는 워크시트>

 K5 Learning
과거시제와 과거진행시제를 문맥에 따라 구분해서 사용하면서 차이점을 학습합니다.

진행시제를 조금 더 재미있게 공부해보고 싶을 때, 다음과 같은 활동을 해볼 수 있습니다.

① 친구들의 일과 상상해보기

친구들이 지금 무엇을 하고 있을지 상상해보면서, 진행시제로 묘사해볼 수 있어요. 글쓰기라는 다소 딱딱한 활동에 친한 친구들을 소재로 삼으면 훨씬 더 친근하거든요. 다만, 이때 친구들을 놀리지 않도록 말해주거나 규칙을 정해두면 좋습니다. 친구들의 이름을 영어로 쓰기 어려울 때, 네이버 영어 이름 변환기를 사용해도 됩니다.

- **현재진행**: 오늘 오후 3시 30분, 지금 친구들이 하고 있는 일
I **am studying** English. (나는 영어를 공부하고 있다.)
Usol **is doing** his homework. (우솔이는 숙제를 하고 있다.)

- **과거진행**: 어제 오후 3시 30분에 친구들이 하고 있던 일
I **was calling** my grandmother. (나는 할머니께 전화하고 있었다.)
Usol **was playing** game. (우솔이는 게임을 하고 있었다.)

② 사진이나 그림 묘사하기

진행 시제를 사용하여 사진이나 그림 속에 있는 인물이나 사물의 행동을 묘사합니다. 특히, 과거진행 시제를 공부할 때에는 어릴 때 사진이나 동영상이 있다면 꺼내어 활용해볼 수 있어요. 몇 살 때, 사진 속에서 무엇을 하고 있는지 물어보면 진행형을 활용해서 대답해보는 거예요. 여러 아이를 지도할 때에는 제 어릴 적 사진을 가져와서 보여줬더니 너무 좋아했습니다. 자칫하면 사진만 계속 보게 될 수도 있으니, 활용할 사진 몇 개만 딱 뽑아 보여주세요.

엄마: 네가 3살 때, 뭐 하고 있었는지 써보자.
아이: I **was reading** the book. (책을 읽고 있었어요.)

엄마: 네가 4살 때, 뭐 하고 있었는지 써보자.
아이: I **was riding** the horse. (말을 타고 있었어요.)

엄마: 네가 5살 때, 뭐 하고 있었는지 써보자.
아이: I **was making** the cake. (케이크를 만들고 있었어요.)

아이가 좋아하는 그림책의 그림이나 명화를 사용해볼 수도 있습니다. 학습을 위해 디자인된 그림을 사용해도 좋아요. 처음에는 그림에 따라 여러 개의 문장으로 묘사하기 어려울 수 있어요. 그럴 때는 묘사하는 문장을 하나씩만 만들어보아도 괜찮아요.

Mom **is making** dinner.

The dog **is jumping**.

Dad **is holding** the baby.

The girl **is looking** at her grandmother.

엄마는 저녁을 만들고 있다./ 강아지는 뛰고 있다./ 아빠는 아기를 붙잡고 있다./ 소녀는 할머니를 쳐다보고 있다.

〈다양한 그림 아이디어 학습자료〉

핀터레스트(Pinterest)

▸ **검색어:** picture descriptions for kids

검색어를 입력하면 아이들의 활동에 관련한 다양한 그림을 찾아볼 수 있어요. 마음에 드는 그림을 하나 골라서 활동지로 써도 좋고 그림만 잘라서 사용하기도 합니다.

4

영어 일기 연습③
풍부한 감정 표현하기

아는 만큼 보인다는 말이 있듯이, 내가 쓰는 어휘의 수만큼 더 생생하게 표현할 수 있습니다. 한국말도 그렇지만 특히 영어에서는 똑같은 말의 반복을 꺼립니다. 그래서 글쓰기 훈련을 할 때, 같은 뜻을 나타내는 다른 표현으로 바꾸어 쓰는 연습을 합니다. 영어 일기에는 감정 표현을 많이 쓰는데, 아이들이 주로 사용하는 어휘는 happy(기분 좋은), sad(슬픈), angry(화가 난) 등 매우 한정되어 있어요. 실제 자주 사용되는 단어는 맞지만, 글쓰기를 할 때는 의도적으로 어휘를 확장해주면서 표현력을 더 키워줄 수 있어요.

　　감정을 묘사하는 여러 가지 영어 단어를 배웁니다. 감정 빙고판을 활용해서 아이들이 오늘 느끼는 감정과 그 이유를 간단히 물어봅니다. 아이들은 자신의 감정을 되돌아보고 그 감정을 잘 표현하기 위해 감정 빙고판을 쭉 훑어봅니다. 그런 다음 고른 단어를 활용해 말을 하다 보면 자연스럽게 학습이 됩니다. 무엇보다 아이의 솔직한 감정에 대해서 들을 수 있고, 그 감정에 관한 대화를 나눌 수도 있다는 점이 좋습니다.

excited	nervous	satisfied	lonely
신이 난	긴장되는	뿌듯한	쓸쓸한
feel at home	ashamed	annoyed	happy
편안한	부끄러운	짜증나는	행복한

worried	stressed	sad	upset
걱정되는	스트레스받는	슬픈	속상한

엄마: How do you feel today? (오늘 기분이 어때?)

아이: I feel worried. (걱정돼요)

엄마: What makes you worried? (왜 걱정돼?)

아이: Because I have a math test. (오늘 수학 시험이 있어서 그래요.)

엄마: 수학 시험 어렵니?

아이: 네, 요즘 선생님 설명이 이해가 안 갈 때가 있어요.

엄마: 그래? 수업 시간에 힘들었겠네. 어떤 부분이 그랬어?

이렇게 자연스럽게 대화를 이어가면 됩니다.

단계2. 감정 어휘 확장하기

아이들이 반복해서 사용하는 주요 단어를 비슷하게 바꾸어 사용할 수 있는 단어로 써보게 합니다. 이 과정에서 어휘가 확장되면서 두루

뭉술하게 표현했던 감정을 깊이 생각해볼 수 있어요. 그리고 조금 더 구체적으로 다양하게 표현할 수 있게 됩니다. 이 외에도 다른 단어들이 있다면 바꾸어 쓸 수 있는 단어를 여러 개 찾아 적어두고 사용할 수 있게 합니다.

happy 행복한				
glad 기쁜	pleased 기쁜	delighted 아주 기뻐하는	joyful 아주 기뻐하는	cheerful 밝은, 명랑한
in a good mood 기분 좋은	bright 밝은	excited 신나는	loved 사랑받는	healthy 건강한
proud 자랑스러운	grateful 감사하는	thankful 감사하는	merry 기쁜	satisfied 뿌듯한

I finished my homework. I'm really **happy**.

(난 숙제를 다 끝냈다. 나는 정말 행복하다.)

→I'm really **proud**. (나는 정말 자랑스럽다.)

sad 슬픈				
disappointed 실망한	depressed 우울한	frustrated 좌절한	tired 피곤한	exhausted 지친
worn out 힘이 빠진	silly 어리석은	stupid 바보 같은	bored 지루해하는	fed up 지겨운
afraid 두려운	frightened 무서운	awful 끔찍한	blue 침울한	regretful 후회되는

I messed up my test. I'm so **sad.**

(나는 시험을 망쳤다. 나는 정말 슬프다.)

→ I'm so **disappointed.** (나는 정말 실망했다.)

angry 화난				
upset 화가 난	furious 몹시 화가 난	mad 몹시 화가 난	annoyed 짜증이 난	bitter 씁쓸한
resentful 억울한	anxious 불안한	uneasy 불안한	suspicious 의심스러운	jealous 질투가 나는
worried 걱정되는	bad-tempered 기분이 안 좋은	shaken 충격받은	left out 소외감 느끼는	ridiculous 어처구니없는

My friends teased me. I was **angry.**

(친구들이 나를 놀렸다. 나는 화가 났다.)

→ I was **furious.** (나는 몹시 화가 났다.)

단계3. 감정 관련 표현 익히기

다양한 단어를 활용하는 것에 익숙해질 때쯤이면 새로운 표현을 알려줄 수 있어요. 아이들의 뇌는 정말 스펀지 같아서 가르쳐주면 금세 잘 배워서 활용합니다. 처음에 표현들을 알려줄 때는 과연 잘 이해해서 쓸 수 있을까 싶었는데, 아이들이 어느새 다른 글에서도 자연스럽게 활용하는 것을 보게 됩니다. 한꺼번에 많은 표현을 익히기보다는 하나씩 꾸준히 알려주세요.

① 기분 좋을 때 쓰는 표현

	표현	be over the moon
	뜻	'달을 넘어설 만큼 너무나 행복하다'라는 표현이에요.
	활용	We ate steak for dinner. I was over the moon. (우리는 저녁으로 스테이크를 먹었다. 나는 정말 행복했다.)
	표현	be on cloud nine
	뜻	구름은 높이에 따라 9가지로 분류되는데, 그중 가장 높은 9번째 구름 위에 있다는 뜻이에요. '너무 기뻐서 가장 높은 구름 위에 있다'라는 표현이에요.
	활용	I finished my homework. I am on cloud nine. (나는 숙제를 끝냈다. 나는 너무 기쁘다.)
	표현	It made my day
	뜻	'나의 날을 기쁘게 했다, 좋았다'라는 표현이에요.
	활용	Mom said, "You are the best." It made my day. (엄마가 "네가 최고야."라고 말했다. 그 말 덕분에 기뻤다.)
	표현	It was music to my ears.
	뜻	'내 귀에 음악처럼 들릴 만큼 정말 기뻤다'라는 뜻이에요.
	활용	When my mom said, "You could play games," it was music to my ears. (엄마가 "너는 게임을 해도 돼"라고 했을 때, 정말 기뻤다.)

② 슬프고 걱정될 때 쓰는 표현

	표현	down in dumps
	뜻	'쓰레기더미들과 같은 우울함 속에 가라앉아 있는'이라는 표현으로 슬픔을 나타냅니다. 기분이 좋지 않다는 뜻이에요.
	활용	I was down in dumps because I failed the test. (나는 테스트에 떨어져서 몹시 기분이 좋지 않았다.)

	표현	worried sick
	뜻	'여기저기 아플 정도로 걱정이 되는'이라는 표현으로 몹시 걱정되는 상황을 나타내요.
	활용	Mom didn't answer my phone. I was worried sick about her. (엄마는 내 전화를 받지 않았다. 나는 엄마 걱정을 많이 했다.)

	표현	butterflies in my stomach
	뜻	'긴장해서 속이 부글부글한 것'을 배 속에 나비들이 있다고 비유한 표현이에요. 중요한 일 앞두고 긴장하는 상황을 보여줍니다.
	활용	I have the speech contest tomorrow. I have butterflies in my stomach. (내일 말하기 대회가 있다. 너무 긴장된다.)

	표현	one's heart sinks
	뜻	'누군가의 마음이 가라앉는다'라는 말로 행복하지 않고 힘이 빠진다는 정도로 해석하면 좋습니다.
	활용	My heart sank when Lily teacher said, "Write again." (릴리 선생님이 "다시 써"라고 했을 때, 내 마음이 가라앉았다.)

③ 화났을 때 쓰는 표현

	표현	**go through the roof**
	뜻	'지붕을 뚫을 만큼 매우 화가 났다'라는 표현이에요.
	활용	When I lied, my dad went through the roof. (내가 거짓말했을 때, 아빠가 매우 화가 났다.)

	표현	**make my blood boil**
	뜻	'피를 끓게 할 만큼 몹시 화가 났다'라는 표현이에요.
	활용	Minsu teased me all day. It made my blood boil. (민수가 온종일 나를 놀렸다. 그래서 나는 몹시 화가 났다.)

	표현	**fly off the handle**
	뜻	'도끼에서 도낏자루가 날아가서 짜증 나는 상황'에서 유래된 표현이에요. 갑자기 버럭 화를 낼 때 사용해요.
	활용	Lily teacher flew off the handle. (릴리 선생님은 버럭 화를 냈다.)

	표현	**in a black mood**
	뜻	'검정 기분'이라는 뜻으로 짜증이 나고 화가 나고 우울함을 표현합니다.
	활용	I argued with my sister. I was in a black mood all day. (동생과 말다툼했다. 온종일 몹시 기분이 좋지 않았다.)

④ 그 외의 유용한 감정 표현

	표현	be (sitting) on the fence
	뜻	'울타리에 앉아 있다'라는 표현으로 이쪽저쪽 아직 결정을 내리지 못하는 마음을 나타냅니다.
	활용	I like both pizza and chicken. I am sitting on the fence. (피자와 치킨 모두 좋다. 아직 결정을 못 내리고 있다.)

	표현	have a ball
	뜻	ball은 공뿐 아니라 파티나 무도회를 뜻하는 말이기도 합니다. '즐거운 시간을 보낸다'라는 뜻이에요.
	활용	We had a ball in the lake park. (우리는 호수공원에서 즐거운 시간을 보냈다.)

	표현	under the weather
	뜻	'좋지 않은 날씨 아래 있으면, 몸이 좋지 않다'라는 뜻에서 유래하여 컨디션이 좋지 않음을 표현합니다.
	활용	I didn't go to school because I felt under the weather. (나는 몸이 좋지 않아서 학교에 가지 않았다.)

	표현	draw a blank
	뜻	'빈칸을 그린다'라는 뜻으로 아무것도 기억하지 못하거나 해내지 못했을 때 쓰는 말입니다.
	활용	I drew a blank on the English test. (나는 영어 시험에서 머리가 완전히 하얗게 되어버렸어.)

감정 관련 책을 읽고 따라 써보기

언어를 가장 아름답게 사용하는 작가들의 멋진 표현을 따라 써보는 것입니다. 문장 단계에서 연습했던 대로 문장을 살짝 바꾸어서 나의 일기에 더해봅니다.

I feel orange today. Oranges sit on the beach waiting for a swim with their hot, salty, juice-sticky fingers.(오늘은 기분이 주황색이에요. 오렌지는 뜨겁고 짜고 주스가 달라붙은 손가락으로 수영을 기다리며 해변에 앉아 있습니다.)

이 문장을 읽고 어떻게 이렇게 감정을 감각적이면서 창의적으로 표현할 수 있을까 감탄했어요. 이렇듯 감정에 관련한 책들을 읽어보면서 좋은 표현들을 수집합니다.

그림책	책의 문장
	나의 문장
 The Feelings Book	**I feel like looking** out the window all day. (온종일 창밖을 보고 싶은 기분이에요.)
	I feel like eating and sleeping all day. (온종일 먹고 자고 싶은 기분이에요.)
 I Feel Orange Today	**I feel orange today.** (오늘은 기분이 주황색이에요.)
	I feel purple today. (오늘은 기분이 보라색이에요)

The Story of My Feelings	**I feel better after** I sigh (한숨을 쉬고 나면 기분이 좋아집니다.)
	I feel refreshed after I play games. (게임을 하고 나면 기분이 상쾌합니다.)
When I'm Feeling Scared	**When I'm feeling** scared, **I want to** run and hide. (저는 무서울 때, 달려가서 숨고 싶어요.)
	When I'm feeling blue, I want to take a shower. (저는 기분이 우울할 때, 샤워하고 싶어요.)
The Colour Monster	**This is** fear. **It is** black **like** the night. (이것은 두려움입니다. 그것은 밤처럼 까맣습니다.)
	This is happiness. It is pink like my mom's lipstick. (이것은 행복입니다. 그것은 우리 엄마 립스틱처럼 분홍빛입니다.)

5

영어 일기 연습④
영어 독서와 연결하기

여행은 서서 하는 독서요, 독서는 앉아서 하는 여행이라고 합니다. 영어 일기를 쓸 때 가장 어려워하는 것 중 하나는 소재를 찾는 것이지요. 아무래도 새로운 사람을 만나거나, 특정한 곳을 방문했거나 하는 직접 경험이 있다면 글을 더욱 쉽게 써 내려갈 수 있어요. 하지만 매일 새로운 경험을 하는 것은 아니므로 영어책을 통해 간접적이지만 풍부한 경험을 채워갈 수 있습니다. 이렇게 읽은 책의 내용과 연결하여 독후 활동으로 영어 일기를 재밌게 써볼 수 있습니다. 매주 특정 요일은 영어책 일기 쓰는 날로 정해서 특별 활동으로 해볼 수도 있어요.

　　아이들은 책을 읽으면서 등장인물에게 감정이입을 해보고 자신을 되돌아보기도 합니다. 다른 사람의 상황에 나를 대입해보고, 그들의 마음과 행동을 이해해보면서 공감 능력을 키우게 되지요. 등장 인물에게 사과, 위로, 감사, 충고를 담아 편지를 써볼 수 있어요. 누구에게 어떤 내용을 쓸지는 정해주지 않고, 아이들 스스로 생각해서 자유롭게 정하도록 합니다.

My Big Shouting Day
온종일 엄마에게 짜증을 내던 주인공 Bella에게 편지를 써봅니다. Bella의 기분에 공감하는 내용이나 Bella에게 해주고 싶은 충고를 담은 편지를 써볼 수 있어요. 그리고 주인공 Bella가 아닌 엄마나 동생 Bob을 위한 편지도 써봅니다.

Dear Bella,

Hi, I am Soomin.

I understand you were really upset.

I think you should not cry.

Your mom will be worn out. Cheer up!

Best wishes, Soomin

벨라에게/ 안녕, 나는 수민이야./ 나는 네가 정말 화났다는 것을 이해해./ 나는 네가 울지 않는 것이 좋겠다고 생각해./ 엄마가 지치실 거야. 힘내렴!/ 수민이가

편지 쓰기와 비슷하게 상상 인터뷰를 만들어볼 수 있어요. 주인공에게 궁금한 내용을 물어보고 주인공이 된 것처럼 상상해서 답변까지 해봅니다.

The Good Egg

모범 달걀이 되고 싶었던 Good Egg가 압박감으로 껍데기에 금이 갑니다. 그래서 집을 떠나 혼자만의 시간을 가지며 변화하는 이야기입니다. 주인공의 심경 변화에 대해 짧은 인터뷰를 해볼 수 있어요.

Me: How are you?

Good Egg: I feel at ease.

Me: What did you learn?

Good Egg: I don't have to be perfect.

Me: Good, I think so.

Good Egg: Thank you.

나: 기분이 어떤가요?/ 좋은 달걀: 매우 편안합니다./ 나: 무엇을
배웠나요?/ 좋은 달걀: 전 완벽하지 않아도 돼요./ 나: 좋아요. 저도 그
렇게 생각해요./ 좋은 달걀: 감사합니다.

한 단어 그림일기

아이들은 짧은 설명을 붙여 사진을 SNS에 올려 공유하는 것을 좋
아합니다. 이와 비슷하게 영어책에서 나온 단어 중 가장 마음에 드는
것을 골라서, 그 단어에 대한 짧은 글을 써봅니다. 엄마, 케이크, 눈사
람, 마법의 열쇠와 같이 친근하거나 재밌는 단어를 선택합니다. 그런
다음 그 단어에 관한 나의 경험을 풀어내거나 이야기를 만들어냅니다.
하나의 단어를 가지고 다양한 아이디어로 확장하고, 그 아이디어들을
수렴하여 글을 쓰는 과정을 거치면서 생각하는 힘을 길러갈 수 있어
요. 해당 단어에 대한 사진을 찾아서 컴퓨터로 작업해도 좋고 프린터
로 출력해서 써보아도 좋습니다.

The Crocodile Who Didn't Like Water
물을 싫어하는 꼬마 악어에 관한 이야기입니다. 이 책에 나오는
많은 어휘 중 핵심 단어인 물(water)을 선택해서 물에 대한 짧은
글을 써볼 수 있어요.

〈Water〉

I like water.

We can see water at the sea.

Swimming makes me feel good.

When I swam in the sea, the water was gently warm.

제목: 물/ 저는 물을 좋아해요./ 우리는 바다에서 물을 볼 수 있어요./ 저는 수영하면 기분이 좋아요./ 내가 바닷속에서 수영할 때 물이 부드럽고 따뜻했어요.

광고 만들기

광고는 나의 제품이나 서비스를 매력적으로 소개하고 설득하는 기술입니다. 다른 사람들에게 꼭 필요하거나 마음에 드는 것을 만들거나 판매할 수 있는 능력이 중요합니다. 《파는 것이 인간이다》의 저자 다니엘 핑크는 우리는 누구나 세일즈를 하는 시대에 살고 있고, 당신도 지금 무언가를 팔고 있다고 말합니다. 영어 일기에서는 재미있는 상상력을 동원하여 나만의 무언가를 직접 만들어보고 그것을 잘 판매하기 위한 광고문을 써봅니다.

Pete's a Pizza
비가 와서 밖에서 놀지 못해 속상한 피트가 아빠와 함께 피자를
만드는 이야기입니다. 나만의 피자를 그려보거나 만들어본 후에
홍보하는 광고문을 써볼 수 있어요.

⟨Jake's Healthy Pizza.⟩

We make our own dough.

We grow fresh tomatoes.

We only use French cheese.

Do you want a healthy pizza?

Please find the Jake's pizza.

제목: 제이크의 건강한 피자/ 우리가 직접 우리만의 도우를 만
듭니다./ 우리가 신선한 토마토를 기릅니다./ 우리는 프랑스산 치즈
만 사용합니다./ 건강한 피자를 원하십니까?/ 제이크 피자를 찾아
주세요.

신문기사 쓰기

신문기사라고 하면 어렵게 느껴질 수 있지만, 초등학생 아이들의

수준에 맞춰서 간단하고 어렵지 않게 해볼 수 있어요. 검증되지 않은 정보가 무수히 쏟아지는 세상에서 비판적인 사고력을 갖고 다양한 시각에서 사건이나 기사를 바라보는 힘이 필요합니다. 하나의 소재에 관한 다양한 책을 읽는 것도 도움이 되고, 하나의 글을 읽고 여러 관점으로 바라보며 상상해서 글을 쓰는 훈련을 해볼 수 있어요.

My Lucky Day

배고픈 늑대에게 다가간 돼지가 늑대를 마음껏 부려먹고 집에서 탈출하는 반전이 담긴 이야기입니다. 돼지 또는 늑대의 관점에서 쓴 기사를 상상해서 만들어봅니다.

<Wolf Times>

A pig came to my house. The pig tricked me.

I already knew that. I sent the pig home.

Next time, I will grill the pig.

제목: 늑대 신문/ 돼지 한 마리가 우리 집에 왔어요. 돼지는 날 속였어요./ 난 이미 그것을 알고 있었지요. 난 돼지를 집에 보내주었어요./ 다음번에는 돼지고기를 구워 먹을 거예요.

삼행시는 첫 글자를 지정하고 시작해서 의미를 만들어가는 것입니다. 영어로는 아크로스틱(acrostic)이라고 합니다. 꼭 세 글자가 아니더라도 읽은 책의 핵심키워드를 각 행의 첫 글자로 둡니다. 그리고 주어진 단어의 철자를 하나씩 세로로 쓴 후에 주제에 맞는 시의 구절을 채워 넣을 수 있어요. 아이들이 철자에 맞게 이야기를 만들어내기 위해서 주제에 맞는 내용과 어휘를 여러 방면으로 생각하고 조합하게 됩니다. 이 과정에서 연결하는 힘인 창의성이 발현되지요.

Walking in a Winter Wonderland

크리스마스 노래로 더 유명한 이 책에는 겨울을 정말 아름답고 생생하게 표현한 글이 담겨 있어요. 함께 읽고 노래를 들으면서 Winter라는 키워드로 시를 지어볼 수 있어요.

When a Santa comes

In to my room, I say

Nice to meet you.

The Santa says, you will go to the

Everland on Christmas!

Really? I am very pleased.

산타할아버지가 내 방에 들어왔을 때, 나는 말한다./ 반가워요./ 그 산타할아버지는 말한다./ 너는 크리스마스에 에버랜드에 갈 것이다./ 정말요? 나는 매우 기쁘다.

〈아이들을 위한 동시 학습자료〉

핀터레스트(Pinterest)
‣ 검색어: acrostic poems for kids(삼행시),
poems for kids in English(영어 동시)
구글로 무료가입을 한 후 검색어를 입력하면 많은 영어 삼행시와 영어 동시들이 나옵니다. 그중에서 마음에 드는 것을 골라 읽고 시에 대한 아이디어를 얻어봅니다.

〈미국 어린이들의 북리포트〉

SPAGHETTI BOOK CLUB
미국 어린이들의 읽기와 쓰기 실력 향상을 위해 만들어진 웹사이트입니다. 실제 미국 어린이들이 쓴 북리포트를 읽어볼 수 있어요.

6

영어 일기 연습⑤
OREO공식 적용하기

영어 일기라 하면 주로 내가 겪었던 일과 나의 감정이나 생각 등을 표현하는 글쓰기입니다. 이러한 표현적 글쓰기에 어느 정도 익숙해졌다면, 나의 의견을 주장하고 설득하는 논리적 글쓰기로 확장해볼 수 있습니다.《초등학생을 위한 150년 하버드 글쓰기 비법》에서는 하버드 대학교에서 지향하는 인재의 목표가 논리적 사고력을 갖춘 리더라고 소개합니다. 꾸준한 논리적 글쓰기 훈련을 통해 논리적으로 생각하는 힘을 갖출 수 있고, 쉽게 실천할 수 있는 비법으로 OREO공식을 제시합니다. 실제 미국 어린이들도 OREO공식을 토대로 글쓰기 연습을 합니다. 우리 친구들도 OREO공식을 통해 4문장으로 간단한 영어 글쓰기에 도전해볼 수 있어요.

O: Opinion	Opinion: 의견 주장	→ I think (that) 문장
R: Reason	Reason: 이유 제시	→ The reason is (that) 문장
E: Example	Example: 예	→ For example, 문장
O: Opinion	Opinion: 다시 의견 주장	→ Therefore, 문장

영어 교과서로 OREO 훈련하기

어렵지 않게 생각해볼 수 있는 친근한 주제로 시작해보면 좋습니다. 이때, 마땅한 글쓰기 소재를 매번 찾기 어렵다면, 영어 교과서를 활용해보세요.

아이들이 처음부터 의견, 이유, 예시와 같은 용어를 이해하기 어렵다면, 엄마가 간단한 질문으로 도와줄 수 있어요. 써보고 나서, OREO 구조에 관해 설명해주는 방법도 있습니다. 이때, OREO를 처음 배운 친구들에게 글을 쓰게 하고 '오레오' 과자를 간식으로 나눠 줬더니 정말 좋아했어요.

Let's Read 무슨 계절을 가장 좋아하나요?

My Favorite Season

Words
season
summer
winter
mountain

Hi, I'm Suho.
It's hot in Korea.
Do you like summer?
My favorite season is summer.
I can swim in the sea.

(출처: 초등학교 5학년 교과서, 대교출판사)

엄마: What is your favorite season? (어떤 계절이 가장 좋니?)

O(의견): **I think** my favorite season is summer.

(내가 가장 좋아하는 계절은 여름이라고 생각해요.)

엄마: Why? (이유는?)

R(이유): **The reason is** I love swim.

(그 이유는 수영을 좋아하기 때문이에요.)

엄마: For example? (예를 들어?)

E(예시): **For example,** I can go to the sea.

(예를 들어, 나는 바다에 갈 수 있어요.)

엄마: Therefore? (그러므로?)

O(의견): **Therefore,** I like summer.

(그러므로 나는 여름을 좋아합니다.)

아래의 표는 초등학교 5학년 교과서의 1과부터 12과까지 수업 내용에 연관되는 12가지 질문을 뽑아본 것입니다. 출판사별로 순서를 포함하여 다른 부분이 조금씩 있으나 모든 교과서는 공통 교과 과정을 모두 담고 있습니다. 교과서 외에도 아이가 평소에 관심을 느끼거나 배우고 있는 내용과 연관하여 글쓰기를 진행해봐도 좋아요.

Lesson 1	What is your favorite country? (네가 가장 좋아하는 나라는?)
Lesson 2	What's the most precious thing to you? (네가 가장 소중하게 생각하는 물건은?)
Lesson 3	What is your favorite food? (네가 가장 좋아하는 음식은?)
Lesson 4	What is your favorite subject? (네가 가장 좋아하는 과목은?)
Lesson 5	What's your favorite time of the day? (일과 중 가장 좋은 시간은?)
Lesson 6	What museum do you want to visit? (어떤 박물관에 방문해보고 싶니?)
Lesson 7	Where do you want to go during this vacation? (이번 방학 때 어디에 가보고 싶니?)
Lesson 8	Who is your best friend? (네 가장 친한 친구는 누구니?)
Lesson 9	What's the most beautiful place you've been to? (네가 갔던 곳 중 가장 아름다운 장소는 어디니?)

Lesson 10	What's your favorite restaurant? (네가 가장 좋아하는 식당은?)
Lesson 11	What is your dream job? (네가 꿈꾸는 직업은?)
Lesson 12	What do you want to learn during this vacation? (이번 방학 동안 배우고 싶은 것은?)

(출처: 초등학교 5학년 교과서, 대교출판사)

엄마: What's your favorite restaurant?

(네가 가장 좋아하는 식당이 어디니?)

아이: **I think** my favorite restaurant is the Pongpong restaurant.

(제가 가장 좋아하는 식당은 퐁퐁식당이라고 생각해요.)

엄마: Why? (이유는?)

아이: **The reason is** the pork cutlet is so good.

(이유는 돈가스가 맛있거든요.)

엄마: For example? (예를 들면?)

아이: **For example,** I love the sweet and spicy sauce.

(예를 들어, 달콤하고 매콤한 소스가 최고예요.)

엄마: Therefore? (그러므로?)

아이: **Therefore,** I would like to go there for dinner today!

(그러므로 오늘 저녁 먹으러 가고 싶어요!)

이렇게 친근하고 쉬운 주제로 OREO를 연습해서 논리적 사고력을 기르고 나면, 영어 에세이 단계에서 글을 쓸 때 많은 도움이 됩니다. 내 의견을 말하고 합당한 근거와 예시를 드는 연습 과정에서 생각하고 주장하는 힘이 탄탄하게 길러지기 때문입니다.

아이의 글쓰기 자신감을 높여주는 영어 칭찬

아이의 자신감을 더 높여주고 싶다면, 엄마의 표정과 반응도 중요해요. 생각이 조금 엉뚱하거나 표현이 조금 부족해도 도전에 대해 칭찬해주면 아이들은 용기가 불쑥 솟아나거든요. 실제 수업을 할 때 아이들을 보면, 미세한 표정과 태도의 변화가 정말 잘 보여요. 순간순간 진심을 담아 칭찬해주면, '오! 완벽하지 않은데도 칭찬을 받았네?'라고 생각하는 듯 내심 신기해하고 뿌듯해하는 얼굴들이 보여요. 그때부터 서로 발표해보겠다고 모든 아이들이 손을 들고 들썩들썩합니다.

① 생각을 칭찬해줄 때

- Wow. I love your idea. (와. 네 생각 정말 좋다.)
- I love your creativity. (창의적이야.)
- I really like this part. (이 부분 너무 좋다.)
- Oh, I see what you mean. (오, 무슨 뜻인지 알겠어.)
- Nice examples. (좋은 예시들이야.)
- You have a wonderful experience. (멋진 경험이 있구나.)

- Lovely, thank you for your idea. (정말 좋아, 네 아이디어 고마워.)

- How did you come up with this? (어떻게 이것을 떠올렸니?)

- I love the way of you are thinking. (네가 생각하는 방식이 좋아.)

- Great thinking! (정말 멋진 생각이야!)

- You are not afraid of a challenge. I like that.

  (도전을 두려워하지 않는구나. 좋아.)

② 노력과 성장을 칭찬해줄 때

- You are writing very hard. (정말 열심히 쓰고 있어.)

- I appreciate your trying. (네 시도를 칭찬해.)

- Keep up the good work. (계속 잘해보자.)

- I see you made an effort. (열심히 노력한 것이 보여.)

- You tried really hard on this part.

  (이 부분에서 정말 열심히 노력했구나.)

- Your beautiful work shows your effort.

  (멋진 글을 보니 얼마나 노력했는지 알겠다.)

- Your handwriting is neat and legible.

  (네 글씨는 깔끔하고 읽기 좋아.)

- You described vividly what happened.

  (무슨 일이 있었는지 생생하게 묘사했구나.)

- Your writing has improved enormously.

  (네 글쓰기 실력이 어마어마하게 향상됐구나.)

- I am highly impressed with your progress.

  (네가 이렇게나 성장하고 있다니 놀랍다.)

CHAPTER 6.

영어 글쓰기 실전

에세이 쓰기

목표: 에세이의 기본 구조를 이해하고 도전할 수 있다.

1

영어 에세이,
쉽게 이해하기

영어 에세이 첫 수업을 준비하면서 아이들이 그동안 쓴 글을 먼저 쭉 살펴보던 날이 기억납니다. 그때 보았던 것은 초등학교 3학년 학생들이 1년 정도 학습해온 라이팅 노트였습니다. 200자가 넘는 장문의 글이 영어로 빼곡하게 쓰여 있었어요. 어린아이들이 벌써 이 정도 수준의 글을 써낼 수 있다는 것이 놀라웠어요. 그런데 천천히 하나씩 읽다 보니 대부분 선생님이 칠판에 적어주신 내용을 그대로 베끼는 형식적인 글쓰기에 지나지 않았습니다. 15명의 아이가 하나의 주제에 대해 모두 똑같은 생각을 하지는 않았을 텐데, 똑같은 내용과 어휘의 글을 써서 제출했다는 것이 몹시 아쉬웠습니다.

물론, 글쓰기를 이제 막 배우는 단계임을 고려해야겠지요. 그러나 한편으로는 당장은 분량이 적거나 조금 더 실수가 있더라도 아이들이 생각을 직접 써볼 수 있게 지도해야겠다는 생각이 들었어요. 무작정 영어 에세이를 베껴 쓰면서 배우는 것보다는 영어 에세이가 무엇인지, 기본 구조가 어떻게 되는지, 브레인스토밍을 어떻게 하는지 차근차근 알려주면서 스스로 쓰는 힘을 길러주는 것이 좋습니다. 이번 장에서는 영어 에세이를 처음 배우는 학생들이 꼭 알아야 할 기초적인 내용 중 핵심만 다뤄보도록 하겠습니다.

영어 에세이란 무엇인가

영어 일기는 시간의 흐름, 생각의 흐름에 따라 자유롭게 느낀 바를 쓰는 글이지만, 영어 에세이는 어떠한 주제에 대한 내 생각과 왜 그렇게 생각하는지를 조금 더 논리적으로 구조에 맞춰 쓰는 글입니다.

Essays

What is your idea?
(너의 생각이 뭐야?)

⟨Wearing School Uniform⟩

Many students don't like wearing school uniform. However, there are three reasons why they should wear their uniforms.

First, parents can save money because their children don't need to buy many clothes.

Second, uniforms help students focus on their study. For example, they don't spend time thinking about what to wear.

Last, uniforms allow students to all look the same. Less fortunate students don't have to worry about buying expensive clothes.

Therefore, wearing uniform is helpful for students.

제목: 교복을 입는 것/ 많은 학생이 교복 입는 것을 좋아하지 않습니다. 하지만 그들이 교복을 입어야 하는 세 가지 이유가 있습니다./ 첫째, 부모님들은 돈을 절약할 수 있습니다. 왜냐하면 그들의 자녀들이 많은 옷을 살 필요가 없기 때문입니다./ 둘째, 교복은 학생들이 공부에 집중할 수 있도록 도와줍니다. 예를 들어, 그들은 무엇을 입을지 생각하는 데 시간을 보내지 않습니다./ 마지막으로, 교복은 학생들을 똑같이 보이게 합니다. 불우한 학생들은 비싼 옷을 사는 것에 대해 걱

정할 필요가 없습니다./ 그러므로 교복을 입는 것은 학생들에게 도움이 됩니다.

영어 에세이 쓸 때 주의해야 할 것

① 글의 톤 앤드 매너

• 말을 하듯이 구어체로 쓰지 마세요.

영어 에세이를 쓸 때는 말하는 것처럼 들리는 다음과 같은 표현들을 최대한 쓰지 않습니다.

"I will tell you." (제가 말해줄게요.)

"I am going to talk about~"(저는 ~에 대해 이야기하려 합니다.)

• 유행어나 줄임말을 쓰지 마세요.

영어 에세이를 쓸 때는 진지하고 학술적인 문체로 씁니다. 다음과 같이 줄임말이나 유행어를 쓰지 않습니다.

"It is gonna be okay." (괜찮을 거예요.)

"It ain't like that." (그런 게 아니에요.)

- 최대한 3인칭으로 표현합니다.

영어 에세이를 쓸 때는 최대한 I(나), You(너, 너희)가 나오지 않게 씁니다. 가능하면 He(그), She(그녀), It(그것), They(그들), Students(학생들), People(사람들)과 같은 3인칭으로 표현합니다. 하지만 아이들이 영어 에세이를 시작할 때에는 주로 자신과 경험에 관한 이야기를 쓰기 때문에 시작 단계에서 이를 강조하지는 않습니다.

I don't like wearing uniform.
(나는 교복 입는 것을 좋아하지 않는다.)
→**Many students** don't like wearing uniform.
　(많은 학생은 교복 입는 것을 좋아하지 않는다.)

② 어휘

- 구체적인 어휘를 사용합니다.
First, they have to pack **things** well.
(첫째, 그들은 물건을 잘 챙겨야 합니다.)
→ First, they have to pack **expensive items and important documents**. (첫째, 그들은 고가의 물건과 중요 서류를 잘 챙겨야 합니다.)

- 최대한 같은 어휘의 반복적인 사용을 피합니다.
영어에서는 같은 단어나 표현을 반복적으로 사용하는 것을 좋아하지 않습니다. 여러 가지 다른 어휘를 사용하여 같은 내용을 최대한 비슷하게 표현할 수 있도록 생각해보는 훈련을 합니다.

English books allow students to learn **English**.
(영어책은 학생들이 영어를 배울 수 있게 해줍니다.)
English books allows **those who study English** to learn **the language**. (영어책은 영어를 공부하는 사람들이 그 언어(=영어)를 배울 수 있게 해줍니다.)

③ 문법

• 각 문장은 대문자로 시작합니다.
first, it is possible to find the idea in a dictionary.
→ **F**irst, it is possible to find the idea in a dictionary.
(첫째, 그 아이디어를 사전에서 찾을 수 있습니다.)

• 문장의 첫 단어로 And, But, So를 가급적 쓰지 않습니다.
And(그리고), But(그러나), So(그래서)를 문장의 첫 단어로 사용하는 것은 가능합니다. 하지만 격식을 갖춘 영어 에세이에서는 Also(또한), However(그러나), Therefore(그래서)를 더 자주 활용합니다.

And it is better to travel with a tour guide. (OK)

→**A**lso, it is better to travel with a tour guide. (BETTER)

(그리고 여행 안내자와 함께 여행하는 것이 좋습니다.)

• 들여쓰기

새로운 문단을 시작할 때는 5글자 정도 띄우는 들여쓰기를 합니다. 모든 문단의 첫 글자는 반드시 들여쓰기해 문단의 시작을 표시합니다. 나머지 문장들은 왼쪽 맞춤으로 가지런히 정렬합니다.

□□□□□ The warm weather allows me to play outside. I play under the sprinkler with my brother. We run through the water and scream each time! At night, I play hide and seek with my friends. I usually hide behind a big bush. I love it when the weather is warm!

영어 에세이의 종류

영어 에세이의 종류는 다양합니다. 그중에서 초등학생 아이들이 직접 활용해서 써볼 수 있는 쉬운 몇 가지 유형과 글의 주제를 소개합니다.

① 의견형 에세이

아이들의 자유로운 의견을 묻는 유형의 에세이입니다. 아이가 좋아하는 것, 관심사와 같이 쉽고 친근한 주제로 시작하면 좋습니다.

- What do you like most about summer?

(당신은 여름에 대해 무엇이 가장 좋나요?)

- What is your favorite holiday and why?

(당신이 가장 좋아하는 휴일은 무엇이고 이유는 무엇입니까?)

- What does it mean to be a good friend?

(좋은 친구가 된다는 것은 무슨 뜻일까요?)

② 상상형 에세이

눈에 보이지 않거나 일어나지 않은 일을 상상해본 후에 글을 쓰는 에세이 유형입니다. 다소 엉뚱하더라도 창의적으로 상상해서 자신만의 아이디어를 마음껏 펼쳐볼 수 있게 용기를 줍니다. 여기에 더해 상상하는 것을 그림으로 함께 표현할 수 있도록 해주면 더욱 좋습니다.

- If you could be any made-up animal, what would you be?

(만약 당신이 어떤 인공 동물이 될 수 있다면, 무엇이 되고 싶나요?)

- If you could choose to be any superhero, who would it be and why? (만약 당신이 슈퍼히어로가 되는 것을 선택할 수 있다면, 누가 되고 싶으며 그 이유는 무엇입니까?)

- If you had a perfect fantasy day, where you could do anything in the entire world or even in the galaxy, what would you do? (만약 여러분이 온 세상이나 은하계에서 무엇이든 할 수 있는 완벽한 환상의 날을 보낸다면, 무엇을 하겠습니까?)

③ 찬반형 에세이

찬성과 반대를 선택하고 나서 자신의 의견을 쓰는 유형의 에세이입니다. 주제에 대해 찬성의 관점과 반대의 관점을 모두 충분히 생각해본 후 선택해서 쓰도록 합니다.

- Junk food should be banned. (정크 푸드는 금지되어야 합니다.)
- Children should have their own phones.
(아이들은 그들만의 전화기를 가져야 합니다.)
- Tests should be abolished. (시험은 폐지되어야 합니다.)

④ 충고형 에세이

누군가에게 도움이 될 만한 내용을 쓰는 유형입니다. 주제에 대해 자신이 알고 있는 지식과 경험을 여러 방면으로 떠올려본 후 글을 쓸 수 있도록 해주세요.

- Advise your friend how to recover from a cold.
(감기 걸린 친구에게 감기를 이기는 방법을 알려주세요.)

• Advise your friend who hates books how to read in a fun way. (책을 싫어하는 친구에게 재밌게 독서를 하는 방법을 알려주세요.)

• Advise your friend who has difficulty in English how to study English. (영어를 어려워하는 친구에게 영어 공부 방법을 알려주세요.)

〈신문 기고 도전하기〉

내가 영어로 쓴 글을 신문에 기고할 수 있어요. 영자 신문사 기고에 도전해보는 것입니다. 아이들은 자신의 글이 실제 신문에 실리면, 매우 자랑스러워하고 신기해합니다. 처음에는 기고하지 못하더라도 여러 번 도전하다 보면, 그 과정에서 영어 글쓰기 실력이 향상되는 경우가 많습니다.

키즈타임즈

자유주제로 150~200자 분량의 글을 씁니다. 편집부 심사를 거쳐 선정되면 신문에 기고됩니다. 이때, 기사와 관련된 저작권 문제가 없는 사진과 연락처, 학교, 학년, 반, 영문 이름을 같이 보내주시면 됩니다.
• 기사 및 자료 제출하는 곳: admin@timescore.co.kr

NE타임즈 학생기자단

평소 관심이 있던 주제에 대한 의견이나 기사 논평 등을 자유롭게 작성하는 글을 씁니다. NE타임즈에서는 학생기자단을 운영하고 있고, 홈페이지에서 기사를 작성할 수 있어요. PC버전 홈페이지로만 이용할 수 있어요.

〈영어 에세이 쓰기에 도움이 되는 교재〉

Writing Jump Essay

영어 에세이 주제에 대한 배경지식 학습부터 아웃라인을 잡고 글 쓰기까지 진행할 수 있도록 나온 교재입니다. 주제별로 활용 표현 예시와 샘플 에세이가 있어 참고하기 좋습니다. 1권은 일기 쓰기, 2권은 편지 쓰기, 3권은 북리포트에 관한 내용이며 가장 높은 단계인 4권은 영어 에세이 쓰기를 다룹니다. 국내 인터넷 서점 YES24에서 판매하고 있습니다.

Write Right

영어 에세이의 기본적인 구조와 자주 쓰는 표현에 대한 설명, 샘플 에세이가 잘 나와 있어서 처음 학습을 할 때 도움이 되는 교재입니다. 총 3권으로 구성된 시리즈로, 1권은 편지, 경험담과 같은 개인적인 이야기 쓰기, 2권은 주제문과 본론과 결론의 문장 쓰기, 3권은 전체적인 영어 에세이의 구조를 살펴보고 한 편씩 쓰는 연습을 단계적으로 다룹니다.

Great Writing

주제를 파악하고 주장에 맞는 근거를 쓰고 필요 없는 문장을 찾거나 추가하면 좋은 문장을 쓸 수 있도록 구성되어 논리적 글쓰기의 기초를 학습할 수 있습니다. 총 6단계 시리즈로 난도가 있는 편입니다. 1단계로 쓰기를 위한 기초 문법을, 2단계로 본격적인 글쓰기의 기초를 잡은 다음 3단계 학습을 시작하기를 권합니다.

영어 에세이 연습①
구조 파악하기

영어 에세이는 서론, 본론, 결론의 여러 문단으로 이루어집니다. 처음 훈련할 때에는 서론 한 문단, 본론 세 문단, 결론 한 문단 이렇게 총 다섯 문단으로 기본적인 틀을 잡아줍니다. 사실 고급 단계에서는 기본적인 틀과 형식을 벗어나서 조금 더 창의적인 방식으로 쓰도록 격려하기도 합니다. 하지만 처음에는 기본적인 구조를 충분히 연습하는 것이 좋습니다.

영어 에세이 구조를 주로 햄버거에 비유하곤 하는데요, 햄버거에서 가장 중요한 맛을 내는 토핑 부분은 본문에 해당합니다. 내가 넣는 토핑의 종류와 양에 따라 햄버거의 맛과 크기가 결정되듯이 본문의 내용과 길이는 나의 생각을 얼마나 쓰느냐에 따라 결정됩니다. 서론과 본론은 햄버거의 양 끝을 받쳐주는 빵에 해당합니다. 둘 다 빵이지만 모양이 다르듯이 같은 주장을 서론에 쓰느냐, 결론에 쓰느냐에 따라 각기 다르게 표현한다고 설명할 수 있습니다.

〈영어 에세이 햄버거〉

서론에서는 글을 재미있게 시작해서 독자의 흥미를 끌고, 주제에 대한 내 생각을 먼저 밝힙니다. 서론은 독자가 전체 글을 읽고 싶게 만드는 '후크 문장'과 글 전체에서 말하고자 하는 핵심 내용을 담은 '주제문'으로 이루어집니다.

본론에서는 서론의 주제문을 뒷받침하는 내용을 나열합니다. 주제문을 뒷받침하는 근거로 '소주제문'을 쓰고, 그 소주제문을 다시 뒷받침해주는 지지문장을 쓰게 되지요.

마지막으로 결론에서는 이 글에서 주장하는 바를 다시 한번 강조하고 요약하며 마무리하기 위해 주제문을 재진술하고 맺음말을 씁니다.

서론 **Introduction**	– 후크(Hook): 흥미를 끄는 서론의 첫 문장 – 주제문(Thesis Statement): 글 전체의 주제를 담는 문장
본론 **Body**	– 주로 3개의 문단으로 구성 – 소주제문(Topic Sentence): 주제문을 뒷받침하는 문장 – 지지문장(Supporting Sentence): 소주제문을 뒷받침하는 문장
결론 **Conclusion**	– 주제문 재진술(Concluding Sentence): 글의 주제를 다시 한번 언급 – 맺음말(Ending Sentence): 글을 마무리하는 문장

다음은 "가장 좋아하는 선생님"이라는 쉬운 주제로 작성한 학생의 영어 에세이입니다.

- Example topic: My favorite teacher(예시 주제: 가장 좋아하는 선생님)

글 제목	**My Favorite Teacher, Sara** (가장 좋아하는 세라 선생님)
서론 **Introduction**	There are many good teachers in my school. However, my favorite teacher is Sara, my math teacher. There are three reasons why I like her. (우리 학교에는 좋은 선생님이 많으시다. 하지만 내가 가장 좋아하는 선생님은 세라 수학 선생님이다. 내가 그녀를 좋아하는 3가지 이유가 있다.)
본론1 **Body1**	First, Sara teacher has the ability to explain well. She helps with difficult math problems easily. For example, she makes what I don't understand clear. (첫째, 사라 선생님은 설명을 잘 해주신다. 선생님은 어려운 수학 문제를 쉽게 도와주신다. 예를 들어, 선생님은 내가 이해 못 하는 것을 명확하게 짚어주신다.)
본론2 **Body2**	Second, she is funny. She makes me laugh. Because, she tells interesting stories. (둘째, 선생님은 재미있다. 선생님은 나를 웃게 만드신다. 왜냐하면, 선생님이 흥미로운 이야기를 해주시기 때문이다.)
본론3 **Body3**	Finally, she is friendly. She says, "Excellent!" when we ask questions. Therefore, we are encouraged to ask further questions. (세 번째로, 선생님은 친절하다. 선생님은 우리가 질문하면 "훌륭해"라고 말해주신다. 그러므로 우리는 추가로 질문하도록 격려를 받는다.)
결론 **Conclusion**	In conclusion, Sara teacher is the teacher I like the most. My dream is to become a great teacher like her. (결론적으로 세라 선생님은 내가 가장 좋아하는 선생님이다. 나의 꿈은 세라 선생님처럼 훌륭한 선생님이 되는 것이다.)

영어 에세이 연습②
서론 쓰는 방법

　서론이란 본격적으로 이야기하기 전, 글의 목적이나 계획을 간단하게 밝히는 문단입니다. 독자의 주의를 끄는 후크 문장과 글 전체의 주제문을 담습니다. 독자들은 서론을 읽고 나서 글을 계속 읽어나갈지를 결정하게 되고, 글의 계획이나 진행될 방향을 짐작할 수 있습니다. 하지만 아이들은 이러한 서론의 중요성을 간과하고 예시문을 그대로 베껴 쓰는 경우가 많아요. 그래서 서론의 기본적인 구성 요소와 중요성을 알려주고, 서론에서부터 나의 독창적인 아이디어나 생각을 떠올리고 표현해볼 수 있도록 훈련해주는 것이 필요합니다.

서론 ─┬─ 후크 문장
　　　 └─ 주제문

본론

결론

　　후크는 서론의 첫 문장을 의미합니다. 이어지는 글을 읽고 싶게 만드는 유혹의 문장이지요. 낚시에서 미끼가 물고기를 유인하듯이 독자들의 관심을 사로잡는 후크가 필요합니다. 글의 주제와 연결되면서도 독자의 관심과 흥미를 끌 수 있는 문장을 만드는 것이 핵심입니다. 주의할 점은 후크 문장을 위한 아이디어를 떠올리는 데에 너무 많은 시간을 보내서는 안 된다는 거예요. 이런 문제를 해결하기 위해 주제에 맞는 후크 문장을 찾는 여러 가지 방법을 익혀두면 좋습니다.

독자의
관심

독자의
흥미

흠~ 흥미로운데?
이 글 읽어보고 싶은데?

후크 문장을 잘 만드는 5가지 방법

'가장 좋아하는 선생님'이라는 주제로 후크 문장을 만드는 5가지 방법을 알아보겠습니다. 후크 문장 만드는 연습을 집중적으로 할 때는, 다음과 같이 한 가지 주제를 정해서 여러 가지 방법으로 만들어보는 것이 도움이 됩니다.

이어지는 5가지 방법을 응용해 글을 시작하는 연습을 하다 보면, 첫 문장을 쓰는 데 대한 막연한 두려움이 줄어듭니다. 어떤 말을 쓸지 몰라서 무조건 베껴 쓰기로 시작하던 친구들이 어느새 다양한 아이디어를 꺼내어 글을 시작하는 것을 보게 됩니다. 아이마다 각자 다른 자신만의 아이디어를 떠올려 좀 더 다채로운 글을 쓸 수 있는 시작점이 됩니다.

① 이야기로 시작하기

주제와 관련된 흥미로운 이야기로 시작합니다. 나의 개인적인 경험을 담아도 좋습니다.

"You tried hard. I am so proud of you."
My math teacher said to me, which encouraged me.

("열심히 노력했구나. 네가 정말 자랑스럽다." 수학 선생님이 저에게 말했습니다. 힘이 났습니다.)

② 질문으로 시작하기

주제와 연관되는 흥미로운 질문을 독자에게 던져봅니다. 질문을 던져 독자들도 생각해볼 수 있도록 하면서 글로 초대하는 방법입니다.

Do you have your favorite teacher?
(여러분은 가장 좋아하는 선생님이 있나요?)

③ 객관적인 자료로 시작하기

주제에 관련된 통계 자료나 기사 등을 언급하면서 시작합니다. 숫자도 글에 활용해볼 수 있도록 합니다. 통계를 찾아보고 싶다면 구글 이미지에서 'statistics(통계) about 주제어'를 검색해보면 다양한 자료를 찾을 수 있어요. 예를 들어, 소셜 미디어(SNS)에 대한 통계를 찾고 싶다면 'statistics about social media'라고 검색해보면 됩니다.

According to a survey, over 80% of Korean students say that they have a special memory of their teachers. (한 조사에 따르면, 80퍼센트가 넘는 한국 학생들이 선생님에 대해 특별한 기억을 가지고 있다고 합니다.)

④ 사람들이 흔히 생각하는 오해 혹은 오류로 시작하기

주제에 관해 일반적으로 사람들이 하는 생각을 제시하며 시작합니다. 하지만 내 생각은 다르다는 것을 주제문에서 표현할 수 있어요.

Some people say that textbooks are more important than teachers when it comes to studying. (어떤 사람들은 교과서가 공부에서 선생님보다 더 중요하다고 말합니다.)

⑤ 명언, 속담을 보여주며 시작하기

주제와 연관되는 명언, 속담 혹은 인용문을 활용하거나 사전적인 정의가 아닌 나만의 정의를 언급하며 시작합니다. 구글 이미지에서 'proverbs(속담) about 주제어', 'famous quotes(명언) about 주제어'를 검색해볼 수 있어요. 예를 들어, 친구에 관한 속담이나 명언을 찾고 싶다면, 'proverbs about friends' 혹은 'famous quotes about friends'로 찾아볼 수 있지요.

There is a proverb that a teacher is better than two books.
("책 두 권보다 한 명의 선생님이 낫다"라는 속담이 있습니다.)

> ### 주제문 쓰기

주제문이란 쓰려고 하는 글의 주제에 대한 내 생각과 의견을 나타내는 핵심 문장입니다. 보통 1~2개 문장으로 이루어지며, 독자들에게 내가 어떤 글을 쓰려고 하는지 계획을 말하는 것으로 생각하면 이해하기 쉽습니다.

주제문1: However, my favorite teacher is Sara, a math teacher.

　　　　(하지만 내가 가장 좋아하는 선생님은 수학 선생님 세라다.)

주제문2: There are three reasons why I like her.

　　　　(내가 세라 선생님을 좋아하는 3가지 이유가 있다.)

이 글에서 내가 쓰고자 하는 바는 내가 가장 좋아하는 선생님은 수학 선생님 세라이며, 그에 대한 3가지 이유를 밝히는 것입니다. 주제문을 통해 글쓴이의 의도가 독자들에게 전달되고, 독자들의 머릿속에 글쓴이가 말하고자 하는 바가 그려지면 성공입니다.

4

영어 에세이 연습③
본론 쓰는 방법

본론에서는 서론에서 언급한 주제문의 내용을 가지고 본격적으로 주장을 펼치게 됩니다. 서론에서는 후크 문장으로 독자의 흥미를 끌고, 주제문을 통해 어떤 글을 쓸지에 대한 계획을 밝혔습니다. 본론에서는 그 약속에 따라 충분한 근거를 가지고 독자에게 설명하거나 설득합니다.

본론은 주로 3개의 문단으로 구성합니다. 하나의 문단은 다시 소주제문인 중심문장(Topic Sentence)과 중심문장을 뒷받침해주는 지지문장(Supporting Sentence)으로 구성됩니다. 하나의 문단 예시를 보여주고 설명해준 뒤, 다음 문단을 같은 구조로 다른 아이디어를 담아 직접 써 볼 수 있게 합니다.

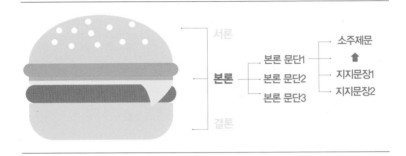

본론 문단1

소주제문 **Topic Sentence**	First, Sara teacher has the ability to explain well. (첫째, 세라 선생님은 설명을 잘 해주신다.)
지지문장1 **Supporting Sentence**	She helps with difficult math problems easily. (선생님은 어려운 수학 문제도 쉽게 도와주신다.)
지지문장2 **Supporting Sentence**	For examples, she makes what I don't understand clear. (예를 들어, 선생님은 내가 이해 못 하는 것을 명확하게 짚어주신다.)

'내가 가장 좋아하는 선생님은 수학 선생님 세라이며, 세라 선생님을 좋아하는 3가지 이유가 있다.'라는 주제문을 뒷받침하는 3가지 근거 중 하나가 '설명을 잘해주신다'라는 소주제문이 됩니다. 그리고 소

주제문을 설명해주는 이유가 '어려운 수학 문제를 잘 도와주고, 모르는 부분을 잘 짚어준다'라는 것으로 뒷받침되는 것입니다.

지지문장을 잘 만드는 5가지 방법

본론 내용을 쓰다 보면, 소주제문을 뒷받침해주는 지지문장을 어떻게 써야 할지 망설이는 아이가 많습니다. 지지문장을 잘 써줘야 논리가 탄탄하고 사례가 풍성한 글이 됩니다. 다음과 같은 5가지 방법으로 지지문장을 잘 만드는 훈련을 해볼 수 있어요.

① 육하원칙 떠올려보기

with who(누구와), when(언제), what(무엇을), where(어디서), how(어떻게), why(왜)의 육하원칙으로 지지문장을 만듭니다.

My English teacher makes a grammar song (무엇을) to help us (왜) understand the concept.(영어 선생님은 우리가 개념을 이해할 수 있도록 문법 노래를 만들어주신다.)

② 인용, 대화를 떠올려보기

누군가가 직접 이야기했던 것 혹은 대화 내용을 구체적으로 생각하여 지지문장을 만듭니다.

My English teacher said, "I will bring my American friends to the next class for you to talk to."(영어 선생님은 말씀하셨다. "다음 시간에 너희가 영어 말하기 연습을 할 수 있도록 내 미국 친구를 데려올게.")

③ 비교하거나 대조해보기
다른 비교 대상과 견주어서 뒷받침하는 문장을 만듭니다.

Most teachers only give us homework, but my English teacher explains why we do our homework.(대부분 선생님은 우리에게 그냥 숙제를 내주시지만, 영어 선생님은 우리가 왜 숙제를 하는지 설명해주십니다.)

④ 생생하게 묘사해보기
아이디어에 대한 상황이나 행동 혹은 성질을 구체적으로 묘사해서 독자들의 머릿속에 그림을 그려주는 지지문장을 만듭니다.

The teacher took out the textbook and asked several questions to check our understanding.(선생님은 우리가 이해했는지 확인하기 위해 교과서를 꺼내 몇 가지 질문을 했습니다.)

⑤ 구체적인 수치 넣어보기
인원, 가격, 시간, 비율과 같은 구체적인 숫자 정보를 넣어 조금 더 신뢰를 주는 지지문장을 만듭니다.

Over 150 students applied for the English teacher's class.

(150명이 넘는 학생이 영어 선생님의 수업을 신청했다.)

본론의 흐름을 매끄럽게 잡아주는 연결사

본론은 주로 3문단, 많게는 5문단 이상 쓰기도 합니다. 여러 문단이 모여서 하나의 본론을 이루기 때문에, 각 문단을 명확하게 구분해야 합니다. For example(예를 들어), Because(왜냐하면), Therefore(그러므로)와 같은 연결사를 쓰면, 글의 구조가 명확하게 보인다는 장점이 있습니다. 따라서 영어 에세이를 쓰기 시작할 때에는 이러한 연결사를 쓰는 연습을 하면서, 글의 구조와 논리성을 체화할 수 있습니다. 단, 항상 같은 구조, 같은 연결사만 기계적으로 사용하는 습관이 들어 모든 글이 획일화되지 않도록 주의가 필요합니다.

본론	
본론 문단1 Body1	**First**, Sara teacher has the ability to explain well. She helps with difficult math problems easily. **For example**, she makes what I don't understand clear. (첫째, 세라 선생님은 설명을 잘 해주신다. 선생님은 어려운 수학 문제를 쉽게 도와주신다. 예를 들어, 선생님은 내가 이해 못 하는 것을 명확하게 짚어주신다.)

| 본론 문단2
Body2 | **Second**, she is funny. She makes me laugh. **Because**, she tells interesting stories.
(둘째, 선생님은 재미있다. 선생님은 나를 웃게 만드신다. 왜냐하면, 선생님이 흥미로운 이야기를 해주시기 때문이다.) |
| 본론 문단3
Body3 | **Finally**, she is friendly. She says, "Excellent!" when we ask questions. Therefore, we are encouraged to ask further questions.
(세 번째로, 선생님은 친절하다. 선생님은 우리가 질문하면 "훌륭해"라고 말해주신다. 그러므로 우리는 추가로 질문하도록 격려를 받는다.) |

여러 연결사를 알아두고 다양하게 활용해보는 것이 좋습니다. 그렇다고 해서 처음부터 모두 다 외우기보다는 몇 개를 골라서 사용해보고 점차 활용 범위를 넓혀가는 것을 추천합니다.

문단을 나타내는 연결사	First(ly)(첫째), First of all(무엇보다 먼저), Second(ly)(둘째), Next(다음으로), Third(ly)(셋째), Finally, Lastly(마지막으로)
의견을 더하는 연결사	In addition, Moreover, Also, Plus, Furthermore, Additionally(게다가)
예시를 보여주는 연결사	For example, For instance, As an example(예를 들어), In detail(자세히 말하자면)
이유와 결과의 연결사	Because, Since(왜냐하면), As a result(결과적으로), Therefore(그러므로), For these reasons(이러한 이유로)

차이를 나타내는 연결사	However, But, Yet(그러나), In contrast(대조적으로), Conversely(반대로), On the other hand, Meanwhile(다른 한편으로는, 반면에), Nevertheless, Even so(그럼에도 불구하고)

〈다양한 연결사 워크시트〉

K12 Reader

비교, 원인, 결과, 순서, 연결, 예시의 다양한 연결사가 정리된 워크시트입니다. 필요한 연결사 부분을 출력하여, 뜻을 적어보게 하고 예시로 문장을 써보는 활동을 해볼 수 있어요.

K12 Reader

다양한 연결사의 활용을 연습할 수 있는 워크시트입니다. 잘못된 연결사를 바로잡거나, 연결사를 채워 넣거나, 문장을 만들어보는 여러 가지 활동지가 있습니다. 답안의 예시가 있어서 참고해볼 수 있습니다.

5

영어 에세이 연습④
결론 쓰는 방법

결론은 전체 글을 마무리하는 문단입니다. 대부분 아이들은 서론과 본론까지 열심히 쓰다가 결론쯤 오면 글을 대충 마무리하려고 하는 경향이 있어요. 예를 들어, 서론에서 주제어로 제시한 주제문을 똑같이 쓰고 빨리 끝내는 것입니다. 그래서 아이들에게 독자의 입장을 설명해줍니다.

"독자들은 서론에서 흥미로운 후크 문장에 매료되어 글을 읽기 시작한단다. 그런 다음 본론에서 여러 가지 근거를 읽으며 공감하고 설득을 당하지. 참 좋은 글이라 생각할 무렵 성의 없이 쓴 결론을 보고 네 글에 실망하는 모습을 상상해보자."

그래도 결론 문장을 대충 쓰는 아이들에게는 "네 독자가 지금 몹시 실망하려고 한다"라고 장난스럽게 이야기를 해줍니다. 그러면 아이들이 웃으면서 문장을 지우고 다시 생각해서 글을 씁니다. 짧은 문장으로 쓰더라도 정성스럽게 쓴 결론으로 글을 마무리할 수 있게 해줍니다. 그러기 위해서는 글의 내용을 요약해서 정리하는 '요약문 쓰기'와 글을 마무리하는 '맺음말 쓰기' 훈련을 하는 것이 도움이 됩니다.

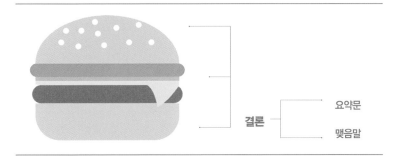

요약문 쓰기

① 주제문을 다시 씁니다.

결론을 쓰는 가장 쉬운 방법으로 글 전체의 주제문을 다른 말로 바꾸어 쓰도록 합니다. 물론, 똑같이 다시 써도 괜찮지만, 기왕이면 똑같은 의미를 담은 다른 문장으로 바꾸어 쓰도록 이끌어주세요. 바꾸어 쓰기 위해 생각하는 과정에서 영어 실력과 생각하는 힘이 조금 더 성장하기 때문입니다. 이때 주의해야 할 것은 새로운 정보를 더하지 않는 것입니다. 본론을 쓸 때는 생각나지 않다가 갑자기 떠올랐다면서 결론에서 갑자기 이야기를 풀어가는 경우가 종종 있어요. 결론에서 새로운 이야기를 꺼내면 독자들이 본론의 연속으로 생각하게 된다고 설명해줍니다.

주제문	However, my favorite teacher is Sara, my math teacher. (하지만 내가 가장 좋아하는 선생님은 세라 수학 선생님이다.)
요약문	In conclusion, Sara is the teacher I like the most. (결론적으로 세라 선생님은 내가 가장 좋아하는 선생님이다.)

② 본론의 내용을 요약합니다.

주제문	There are three reasons why I like her. (내가 세라 선생님을 좋아하는 3가지 이유가 있다.)
요약문	In a nutshell, Sara is the best teacher: her teaching skills, her bright personality, and her great passion. (요약하자면, 세라 선생님은 가르치는 기술, 밝은 성격 그리고 열정 면에서 최고의 선생님이다.)

세라 선생님을 좋아하는 3가지 이유를 언급한 본문의 내용을 요약해서 마무리한 문장입니다. 본문에 쓴 내용을 짧은 단어나 문장으로 바꾸는 과정을 거쳐야 합니다.

③ 요약할 때 사용할 수 있는 연결사를 알아봅니다.

결론을 나타 내는 연결사	In conclusion(결론적으로), On the whole(전반적으로 보아), In summary, In a nutshell, To sum up, In short(요약하자면)

맺음말 쓰기

마지막으로 주제와 관련된 내 생각을 담은 희망, 제안, 예측으로 맺음말을 쓸 수 있어요. 아이들이 실제 글을 쓸 때 가장 어려워하는 부분이 바로 맺음말을 쓰는 것이에요. 그래서 맺음말을 쓰는 여러 가지 방법들을 알려주고, 글을 쓸 때마다 다른 방식의 맺음말을 써볼 수 있도록 격려해줍니다.

맺음말	My dream is to become a great teacher like her. (나의 꿈은 세라 선생님처럼 훌륭한 선생님이 되는 것이다.)

① 나의 마지막 생각이나 느낌을 전달합니다.

Therefore, I am always excited and looking forward to the math class. (그러므로 수학 시간이 늘 즐겁고 기다려진다.)

② 나의 희망을 공유합니다.

In this respect, I also want to become a special person.

(이러한 점에서 볼 때, 나도 특별한 사람이 되고 싶다.)

③ 주제문과 관련된 사항을 제안합니다.

Therefore, we should try to be a special person.

(그러므로 우리는 특별한 사람이 되도록 노력해야 합니다.)

④ 주제문과 관련된 사항을 예측합니다.

In this regard, she will be a role model for many students.

(이러한 관점에서 볼 때, 세라 선생님은 많은 학생의 본보기가 될 것이다.)

⑤ 맺음말에서 활용할 수 있는 연결사를 알아봅니다.

맺음말 연결사	In this regard, In this respect(이러한 점에서 볼 때) Therefore, Thus, Hence(그러므로)

6

영어 에세이 연습⑤
에세이 쓰기 4단계

　　영어 에세이를 지도할 때의 최종 목표는 아이들이 스스로 쓰는 힘을 길러주는 것입니다. 이는 마치 자전거를 처음 배우는 아이들을 가르쳐주는 것과 비슷합니다. 자전거의 기능을 하나씩 차근차근 알려주고, 넘어지지 않고 자전거를 탈 수 있도록 뒤에서 밀어주지요. 그러다가 아이가 중심을 조금씩 잡기 시작하면 손을 살짝 떼며 스스로 달릴수 있게 해줍니다.

　　지금까지의 과정을 통해 아이에게 영어 에세이가 무엇인지, 어떻게 쓰는지 차근차근 알려주었습니다. 이제 본격적으로 글을 써볼 차례인데요, 이때 주로 4단계를 거치게 됩니다. 이 과정이 점점 익숙해지면 혼자서도 글을 쓸 수 있을 만큼 성장하는 것입니다.

〈영어 에세이 쓰기 4단계〉

브레인스토밍하기
(Brainstorming)

아웃라인 잡기
(Outline)

글쓰기
(Writing)

퇴고하기
(Self-Correction)

단계1. 브레인스토밍하기

주제를 읽고 어떤 내용의 글을 담을지 생각하는 첫 단계입니다. 주제에 관련하여 떠오르는 다양한 생각을 꺼내보는 과정입니다. 이때, 여러 가지 아이디어를 잘 생각해내는 친구가 있는가 하면 그러지 못하는 친구들도 있어요. 실제 수업을 하면서 처음부터 브레인스토밍을 같이하면, 의견을 내는 친구만 계속해서 발표하는 경우가 많아요. 그래서 브레인스토밍을 쉽게 하는 방법을 먼저 알려줍니다. 그런 다음 각자 충분히 고민해보고 발표를 통해 좋은 아이디어를 공유합니다. 집에서도 아이가 혼자서 생각해볼 시간을 주세요.

브레인스토밍을 쉽게 하는 방법은 하나의 주제를 두고 교육, 경제, 가족, 환경, 건강, 문화, 효율성이라는 여러 가지 관점에서 바라보고 생각해보게 하는 것입니다. 하나의 주제에 대한 7가지의 관점이 모두 떠오르지 않아도 괜찮습니다. 다양한 관점으로 바라보면, 생각하지 못했던 아이디어가 떠오르기도 합니다. 그리고 생각지도 못한 시각에서 사물이나 사건을 바라보는 훈련을 할 수 있어요.

표와 같이 하나의 영어 에세이 주제를 두고 일정한 틀에 맞춰 여러 가지 관점으로 생각해봅니다. 그런 다음 단계가 올라가면 이 틀 외에 다른 관점을 생각해서 하나씩 써볼 수 있게 합니다. 예를 들어 '정서(Emotion)'의 관점을 새로 제시하는 것이죠.

You can listen to good music on the Internet and feel better.
(당신은 인터넷에서 좋은 음악을 듣고 기분이 좋아질 수 있다.)

틀 안에서 다양하게 사고하고 틀 밖에서 생각해보는 것은 논리적이고 창의적으로 생각하는 힘을 기르는 데에 도움이 됩니다.

에세이 주제	Is the Internet beneficial or harmful? (인터넷은 이로운가요, 해로운가요?)
교육 (Education)	It can teach us how to find information. (인터넷은 우리에게 정보를 찾는 방법을 가르쳐줄 수 있습니다.)
경제 (Economy)	There are many free classes on the Internet. (인터넷에는 무료 수업이 많습니다.)
가족 (Family)	It takes away family time. (인터넷은 가족들과의 시간을 빼앗습니다.)

환경 **(Environment)**	It reduces the use of paper. (인터넷은 종이 사용을 줄여줍니다.)
건강 **(Health)**	If you use it for a long time, your eyesight will get worse. (인터넷을 오래 사용하면 눈이 나빠집니다.)
문화 **(Culture)**	You can learn other cultures. (다른 문화를 배울 수 있습니다.)
효율성 **(Efficiency)**	It saves time to buy things. (인터넷은 물건 사는 시간을 절약해줍니다.)

단계2. 아웃라인 잡기

여러 가지 아이디어를 떠올린 브레인스토밍을 바탕으로 글의 뼈대인 아웃라인을 잡아봅니다. 글에 어떤 내용을 담을지 키워드를 적어봅니다. 브레인스토밍으로 사고를 확장했다면, 수렴적 사고를 통해 꼭 필요한 내용을 골라 나열하는 과정이 아웃라인에 해당합니다.

아웃라인은 내용이 많은 본론을 중심으로 해서 잡아볼 수 있어요. 전체 문장을 쓰기 전에 간단하게 쓸 내용을 키워드로 작성합니다. 글의 전체적인 방향을 잡아주는 주제문을 잊지 않도록 위에 먼저 적어둡니다. 그런 다음 각 본문에 해당하는 내용을 담을 아이디어를 간단히 생각해서 적어봅니다.

이렇게 아웃라인을 같이 여러 번 그려보면, 스스로 글의 뼈대를 잡아가는 친구들이 많이 생겨납니다. 뼈대를 잘 잡아놓으면 살을 붙여 문장으로 이어가면서 글을 쓰게 됩니다. 문장을 쓸 수 있는 기초가 잡혀 있는 친구들은 뼈대를 잡고 바로 글로 바꾸어 쓱쓱 쓰기 시작합니다. 그러므로 문장을 쓰는 단계를 충분히 잘 거친 후 영어 에세이를 배워야 합니다.

주제문	However, my favorite teacher is Sara, my math teacher. (하지만 내가 가장 좋아하는 선생님은 세라 수학 선생님이다.)
소주제문1	ability(능력), explain well(설명을 잘하다)
지지문장1	help(돕다), difficult math problems(어려운 수학 문제)
지지문장2	make clear(명확하게 짚어주다), don't understand(이해 안 가는 것)
소주제문2	funny(재미있는)
지지문장1	make me laugh(날 웃게 해주시다)
지지문장2	interesting stories(흥미로운 이야기들)
소주제문3	friendly(친절한)
지지문장1	excellent(훌륭한), ask questions(질문하다)
지지문장2	encourage(격려하다), further questions(추가 질문)

브레인스토밍을 거쳐 만든 아웃라인을 기준으로 실제 글쓰기를 시작합니다. 정리해둔 키워드에 살을 붙여 문장을 만들고, 문장들을 연결하여 글을 완성해나가는 것입니다. 이때, 아이들이 가장 많이 하는 실수는 주어와 동사를 깜빡하고 쓰지 않는 것입니다. 이런 실수를 반복하는 친구들은 문장 만들기 연습을 충분히 더 해야 합니다.

- 주어가 빠진 경우: First, (my teacher) has good manner.

  첫째, (나의 선생님은) 좋은 매너를 가졌다.
- 동사가 빠진 경우: First, my teacher (has) good manner.

  첫째, 나의 선생님은 좋은 매너(를 가졌다).

아웃라인 (Outline) ➡ 키워드 (Keyword)	소주제문1	ability(능력), explain well(설명을 잘하다)
	소주제문1	help(돕다), difficult math problems(어려운 수학 문제)
	소주제문2	make clear(명확하게 짚어주다), don't understand(이해 안 가는 것)

글쓰기 (Writing) ➡ 문장 (Sentence)	First, Sara teacher has the ability to explain well. She helps with difficult math problems. For example, she makes what I don't understand clear.
	첫째, 세라 선생님은 설명을 잘해주신다./ 선생님은 어려운 수학 문제를 도와주신다./ 예를 들어, 선생님은 내가 이해 못 하는 것을 명확하게 짚어주신다

퇴고하기

아이들을 지도하다 보면 글을 쓰자마자 바로 끝냈다고 말하는 학생이 있고, 글을 쓴 후에 다시 한번 확인하고 말하는 학생이 있습니다. 우리 아이는 어떤 유형일까요? 대부분 아이들은 연필을 내려놓기도 전에 "선생님, 다 썼어요"라고 외칩니다. 글쓰기를 빨리 하는 것이 실력이라고 생각해서인지 서로 빨리 끝내려고 합니다. 그래서 글을 쓰고 나서 스스로 퇴고하는 것까지가 글쓰기의 과정이라는 것을 훈련을 통해 배워야 합니다.

① 스스로 퇴고할 때 확인하는 부분

자신이 쓴 글을 다시 읽을 때, 확인해야 할 부분을 알려주고 스스로 점검하고 채점해볼 수 있게 합니다. 글을 읽는 독자 그리고 채점하는 채점자의 입장에서 자신의 글을 바라보게 합니다.

친구들과 서로 바꾸어서 퇴고를 하기도 합니다. 집에서 글을 쓸 때는 엄마나 아빠가 읽어볼 수 있어요. 이때 가장 중요한 것은 틀린 것을 지적하기보다 글에서 어떤 부분이 좋았는지 자세히 적어주고, 어떤 부분을 개선하면 좋은지 알려주는 것입니다. 친구들끼리도 서로 평가해서 글로 써주도록 하고, 제가 첨삭을 해줄 때도 정성평가를 꼭 작성해 줍니다. 실제로 아이들이 첨삭 노트를 받아 갈 때, 가장 먼저 관심 있게 확인하는 부분이라 성심성의껏 써주게 됩니다.

글의 구조	서론, 본론, 결론의 순서에 맞게 잘 썼나요?
	서론에서 후크 문장과 주제문을 작성하였나요?
	본론에서 소주제문과 지지문장을 작성하였나요?
	결론에서 요약문과 맺음말을 작성하였나요?
글의 내용	주제에 맞는 적절한 내용을 담고 있나요?
	주어진 분량에 맞게 쓰였나요?
	독특하고 참신한 예시를 들었나요?
글의 표현	다양한 어휘와 표현을 활용하고 있나요?
	문단을 나타내는 적절한 연결사를 사용했나요?
글의 문법	대문자, 구두점, 띄어쓰기, 스펠링이 알맞게 쓰였나요?
	주어와 동사를 넣어 완전한 문장을 잘 만들었나요?

〈정성평가의 예〉

• 잘 쓴 부분(Positives)

네 글쓰기 실력이 어마어마하게 향상됐구나. 네 이야기를 읽는 것
은 흥미로웠어. 앞으로도 계속해서 네가 아는 것, 생각한 것, 경험한 것
을 썼으면 좋겠다. 자랑스러워.

(Your writing has improved enormously. It was interesting to read your
story. I hope you continue to write what you know, what you think, and
what you experienced. I am so proud of you.)

- 더 잘 썼으면 하는 부분(Suggestions)

항상 말하지만, 글씨를 조금 더 예쁘게 써보도록 노력하자. 내용이 너무 좋은데, 글씨를 알아보기가 힘들었어. 문장을 마치고 나면 마침표를 꼭 찍는 것까지 기억하면 완벽해. 응원해.

(Like I always say, let's try to write neater. The content is superb, but it was really hard to read your handwriting. It will be perfect if you remember to use period at the end of the sentences. I'm rooting for you.)

② 영어답게 세련되게 다듬기

영어 에세이를 첨삭할 때에는 단순히 틀린 문법을 고쳐주는 것이 아니라 글의 구조, 내용과 함께 조금 더 영어답고 세련된 표현까지 익힐 수 있게 해주는 것이 좋습니다. 초급 단계의 아이들은 관성에 따라 자꾸 쓰는 어휘만 쓰고, 익숙한 문장으로만 글을 계속 똑같이 쓰는 경향이 있어요. 영어 에세이 쓰기에 어느 정도 익숙해진 친구들에게는 조금 더 영어답게 쓰는 표현이나 방식을 알려줍니다. 그런 다음 글을 쓰면서 반드시 한 문장 이상 적용할 수 있도록 안내해주면 글쓰기 실력이 향상됩니다.

- 무생물 주어 활용하기

영어에서는 사람이 아닌 것을 사람처럼 주어로 표현하는 문장이 많습니다. 우리나라 말로 직역을 하면 어색해서 잘 쓰지 않게 됩니다. 하지만 실제 원어민들은 무생물 주어를 활용한 문장을 많이 활용하기 때문에 조금 더 영어다운 표현을 만들어갈 수 있어요.

-학생의 표현: In summer, I feel lively. (여름에, 나는 힘이 난다.)
-영어다운 표현: Summer energizes me. (여름은 나에게 힘을 준다.)

• 명사를 활용하기

영어에서는 어떤 것을 묘사할 때, 동사나 형용사 대신 명사의 형태로 바꾸어서 쓰는 경우가 많습니다.

-학생의 표현: This book is interesting. (이 책은 정말 흥미롭다.)
-영어다운 표현: This book is a page-turner.

(이 책은 페이지가 술술 넘어가는 책이다.)

• 명사를 동사로 쓰기

주로 명사로 쓰이는 단어를 동사로도 활용할 수 있어요. 명사의 의미와 연결된 경우가 많아서 추측해볼 수 있어요. 중고등학교 영어 독해에서도 명사를 동사로 활용해서 쓴 문장이 많이 나옵니다. 예를 들어, 'I cupped my face.(나는 내 얼굴을 동그랗게 감싸 쥐었다.)'에서 cup은 명사 '컵'이 아니라 '동그랗게 감싸 쥔다'라는 동사의 의미로 쓰였습니다. 영어 글쓰기를 하면서 명사를 동사로 쓰는 훈련을 해두면, 문장을 더 유연하게 해석하는 힘도 길러집니다.

-학생의 표현: I go to school by riding a bike.

(나는 자전거를 타고 학교에 간다.)

-영어다운 표현: I bike to school. (나는 자전거로 학교에 간다.)

중학교 서술형 시험 및
수행평가 준비하기

중학교 내신 시험은 크게 지필고사와 수행평가로 이루어져 있어요. 학교나 학년 선생님에 따라 다르지만, 지필고사는 주로 학기에 1~2회 보고 수행평가는 여러 차례에 걸쳐서 봅니다. 지필고사의 주관식 문항과 수행평가를 잘 보기 위해서는 기본적인 영어 글쓰기 실력이 뒷받침되어야 합니다.

- 지필고사(60%): 객관식, 주관식
- 수행평가(40%): 말하기, 쓰기, 포트폴리오

다음은 중학교 2학년 지필고사의 주관식 문항 예시입니다.

제시어를 반드시 활용하여 주어진 두 문장의 의미를 모두 포함하는 완전한 하나의 영어 문장을 쓰시오. (제시어: know, 10단어 이내, 제시어 변형 가능)

Jiho met Lily when he was a little child.
Now Lily is still his friend.
(지호는 어릴 때 릴리를 만났어요.
지금 릴리는 여전히 그의 친구입니다.)

- **정답:** Jiho has known Lily since he was a little child.
(지호는 어릴 때부터 릴리와 알고 지냈어요.)

이 문제는 해당 학년인 중학교 2학년에서 배우는 현재완료라는 문법을 배웠다면, 객관식으로는 어렵지 않게 풀 수 있는 수준입니다. 하지만 생각보다 많은 학생이 문장을 만들어서 써야 한다는 부담감 때문에 잘 쓰지 못해요. 글쓰기를 시도하면 부분 점수를 받을 수 있다고 용기를 주고, 완벽하지 않더라도 영어 문장 만들기를 꾸준히 연습할 수 있도록 합니다.

초등학교 때 기본적인 영어 문장을 만들 수 있었던 친구들이라면 서술형 문제를 충분히 잘 쓸 수 있습니다. 실제로 중학교 수업 시간에 해당 문법을 충실히 공부하면 써낼 수 있는 수준의 서술형 문제가 주로 나옵니다. 그리고 시험 기간에 문제집을 풀어가면서도 서술형 문제를 대비할 수 있지요. 그런데도 오답률이 비교적 높은 것은 출제자의 함정에 빠지거나 자신의 답변을 꼼꼼히 확인하지 않기 때문인 경우가 많아요. 나중에 시험지를 들고 와서 같이 보면, "배웠던 건데, 알고 있었는데 실수했어요."라고 아쉬워하는 친구들이 정말 많습니다. 그러므로 중학 수준의 문법을 몇 년씩 선행해서 학습하는 것보다 더 중요한 것은 초등학교 수준의 문법을 문장으로 써보고, 다양한 영어 글쓰기를 꾸준히 하는 습관을 들이는 것입니다.

중학교 영어 수행평가

영어 수행평가는 주로 말하기와 쓰기를 평가하는 논술, 발표, 토론, 프로젝트 등으로 이루어집니다. 그리고 교과서 필기와 선생님이 나눠주신 학습자료를 얼마나 충실하게 공부하고 모아왔는지 평가하는 포트폴리오가 더해집니다.

영어 수행평가가 너무 어려워서 혹은 우리 아이가 실력이 부족해서 혹시 높은 점수를 받지 못할까 걱정하시는 경우가 많아요. 사실 지역과 학교에 따라 난이도가 많이 다르긴 하지만, 전국적으로 수행평가의 공통 취지는 과정 중심의 평가입니다. 그러므로 수업 시간에 배웠던 교과서 내용에 맞춰 수행평가의 유형을 선정하며, 수업 시간에 충실하게 공부한 친구들이라면 높은 점수를 충분히 받을 수 있도록 설계됩니다.

또한, 당일에 수행평가 주제를 보고 바로 말하거나 쓰는 것이 아닌 경우가 많아요. 미리 과제와 평가 기준을 보고 준비할 시간을 갖도록 해줍니다. 수행평가도 지필고사의 서술형 평가와 마찬가지로 배운 문법을 이해하여 영어 문장으로 쓸 수 있는 기본적인 영작 능력을 요구합니다.

다만, 서술형 평가는 주로 주어진 한국말을 영어로 바꾸는 영작의 개념이었다면, 수행평가는 내 생각을 구성해서 써야 한다는 것이 큰 차이입니다. 물론 영작도 쉽지 않지만, 자기 생각을 쓰는 것 자체를 훨씬 더 어려워하는 경우가 많아요. 지필고사에서 영어 점수를 잘 받는 상위권 아이들도 도저히 쓸 말이 생각나지 않는다며 빈 종이 앞에서 한참을 고민합니다. 단순히 영어가 아니라 평소에 무언가에 대해 생각하고 표현해보는 경험이 필요합니다.

다음은 중학교 2학년 수행평가 말하기 문항 예시입니다. 말하기 과제이지만 먼저 문장을 쓰고 나서 암기해야 하므로 영어 글쓰기가 수반됩니다. 과제 내용을 잘 읽고, 주제에 대한 나의 답변을 생각합니다. 그 생각을 주어진 조건에 맞추어 영어로 쓰고 틀린 부분이 없는지 확인합니다. 그리고 나서 암기한 후 발표합니다.

〈중학교 2학년 수행평가 말하기 문항 예시〉

1. 주제: 내가 영어를 공부하는 이유

2. 진행 방식: 한 명씩 교실 밖에서 자신의 원고를 암기하기

3. 채점 기준:

1) 원고제출: 아래 원고를 작성해서 말하기 수행평가 직전에 제출

2) 조건: 영어를 공부하는 이유 2가지 이상 부연 설명(총 4문장 이상), 향후 영어 공부 계획(총 2문장 이상)

3) 문장의 수: 총 10문장 이상 말하기

4) 말하기 시간: 1분 ~ 1분 30초 미만

5) 언어의 정확성: 어휘와 문법 오류 없이 말하기

6) 유창성: 반복이나 중단 없이 말하기

〈학생 답변 예시〉

I have two reasons for studying English hard.

First, I study English to get good grades.

I want to choose a prestigious university.

In particular, my goal is to get into Seoul National University.

Also, English allows me to make foreign friends.

I would like to introduce Korea to them.

I would be proud to experience a different culture.

My plan for studying is to read a lot.

Reading will help me learn new words and knowledge.

I will also watch English movies during my free time.

영어를 열심히 공부해야 하는 두 가지 이유가 있습니다./ 첫째, 저는 좋은 성적을 얻기 위해 영어를 공부합니다./ 저는 명문대학을 선택하고 싶습니다./ 특히, 서울대학교가 저의 목표입니다./ 또한, 영어를 잘하면 외국인 친구를 사귈 수 있어요./ 그 친구들에게 한국을 소개하고 싶습니다./ 다른 문화를 경험하면 자랑스러울 것입니다./ 공부를 위한 저의 계획은 많이 읽는 것입니다./ 읽기를 하면 새로운 어휘들과 지식을 배울 수 있게 됩니다./ 저는 또한 취미로 영어 영화들도 볼 것입니다.

"영어 수행평가 대비, 학원에서 해주시나요?"

이렇게 묻는 부모님들이 있습니다. 시험처럼 수행평가도 학원의 도움을 받았으면 하는 경우이지요. 하지만 수행평가는 원칙적으로 스스로 해야 합니다. 도움을 받을 수 있는 환경에 있더라도 최대한 스스로 써보아야 합니다. 지도하던 학생 중 학원에 다니면서 과외를 병행하던 아이가 있었어요. 수행평가 때 개인 과외 선생님이 써준 글을 써서 제출했더니, 학교 선생님이 따로 불렀답니다. 다른 주제를 주고 나서, 글을 써보라고 하셨대요. 수행평가 과제 제출을 위해 학원 선생님의 도움을 조금씩 받기도 합니다. 하지만 혼자서 최대한 스스로 생각해보고 기본적인 내용을 쓰는 힘이 있어야 합니다.

다음은 중학교 2학년 수행평가 쓰기 문항 예시입니다. 글을 쓰기 전에 조건을 먼저 확인하고 나서, 어떻게 쓸 것인지 대략 구상합니다. 글을 쓰고 나서 주어진 조건에 맞추어 썼는지 꼭 확인해서 글을 완성합니다. 그렇게 미리 쓴 글을 암기합니다. 그러고 나서 수행평가 당일 주어진 시간에 맞추어 외워둔 글을 쓰고 최종적으로 어휘, 문법, 조건을 다시 확인해서 제출합니다.

〈중학교 2학년 수행평가 쓰기 문항 예시〉

내가 방문했던 여행지에서 한 일, 먹은 것, 느낀 점을 포함하여 아래의 조건에 맞춰 글을 쓰세요.

1) 수업 시간에 배웠던 표현들을 최대한 활용할 것
2) 120단어 이상 140단어 이하로 작성할 것
(문장부호, 띄어쓰기는 글자 수에 미포함, 한글 직접 표기는 감점 사항)

3) 주어진 표현과 문법을 활용한 문장을 반드시 포함할 것

① 현재완료 ② To 부정사 ③ 최상급 ④ as ~ as

4) 제목을 반드시 쓸 것

〈학생 답변 예시〉

〈<u>The Most Beautiful City</u>, Paris〉 : 제목을 썼음
최상급 활용

My family went to Paris in 2017.

It was my first time <u>to go abroad</u>.
 To부정사
<u>To travel to a different country</u> is an amazing experience.
 To부정사
When my parents and I saw the Eiffel Tower, we were

<u>delighted</u>.
수업 시간에 배운 단어
The Eiffel Tower glittered <u>like</u> a Christmas tree.
 수업 시간에 배운 표현
It was <u>the most impressive</u> place I <u>have ever seen</u>.
 최상급 **현재완료**
We went to a French restaurant <u>to eat crepes with</u>
 To부정사
<u>banana and chocolate</u>.

The crepe was <u>as sweet as</u> my mom's lovely voice.
 as ~ as
We also visited a French market and tasted different

types of cheese.

France **is** very famous for cheese and wine.

수업 시간에 배운 표현

My dad loved drinking wine.

Meanwhile, I was surprised that the street was dirty with garbage.

Also, we had to always watch out to avoid pickpockets.

To부정사

I learned that nowhere is perfect.

(분량: 132단어)

〈가장 아름다운 도시, 파리〉/ 우리 가족은 2017년에 파리에 놀러 갔습니다./ 외국에 가는 것이 처음이었습니다./ 다른 나라를 여행하는 것은 놀라운 경험이에요./ 부모님과 내가 에펠탑을 보았을 때, 우리는 매우 기뻤어요./ 에펠탑은 마치 크리스마스트리처럼 반짝였습니다./ 에펠탑은 내가 본 곳 중 가장 인상 깊은 곳이었어요./ 우리는 초콜릿과 바나나가 들어간 크레프를 먹기 위해 프랑스 식당에 갔어요./ 크레프는 엄마의 사랑스러운 목소리만큼 달콤했어요./ 우리는 또한 프랑스 시장을 방문했고 다양한 종류의 치즈를 맛보았어요./ 프랑스는 치즈와 와인으로 매우 유명합니다./ 우리 아빠는 와인 마시는 것을 좋아했어요./ 그러던 중 거리가 쓰레기로 더러워서 깜짝 놀랐습니다./ 또한, 우리는 소매치기를 피하기 위해 항상 조심해야 했습니다./ 완벽한 곳은 없다는 것을 배웠습니다.

예시에서 보듯 학교에서 배운 단어, 표현, 문법을 활용하고 제시된 주제에 맞는 내용이 들어가도록 이야기를 구성해야 합니다. 이 문제에서는 여행지에서 한 일, 먹은 것, 느낀 점 모두 포함해야 합니다.

사실 영어 쓰기 수행평가를 준비하는 아이들에게 주는 조언은 반드시 사실만을 써야 하는 것은 아니라는 것입니다. 내가 꼭 써야 하는 단어나 표현이 있다면 그것에 맞게 이야기를 지어내서 써도 됩니다. 초등학교 때에는 다양한 형태의 영어 일기를 써보면서, 영작 연습을 할 뿐 아니라 허구의 이야기를 만드는 법도 훈련합니다. 그리고 배운 문법으로 나만의 영어 문장을 만들어보는 것도 수행평가를 대비하는 데에 많은 도움이 됩니다. 영어 글쓰기의 기초를 닦는 방법으로 소개해 드린 것들이 중학교 내신 준비에도 연결된다는 것을 꼭 기억해주세요.

〈중학교 영어 수행평가를 대비하는 데 도움이 되는 교재〉

Writing Through Grammar

문법을 배우고 나서 배운 문법으로 문장 만들기 훈련부터 글쓰기까지 할 수 있게 연계되어 있습니다. 예시 글이 있어서, 아이디어를 얻기 좋습니다. 1~3권까지 단계별로 활용할 수 있습니다.

수행평가 되는 중학 영어 글쓰기

중학교 학년별로 배우는 문법별로 구성이 되어 있고 서술형 문제가 많아서 학교 시험대비용으로 좋습니다. 각 문법 주제별로 수행평가 예상문제와 모범답안이 있어서 따라 써보고 연습할 수 있습니다. 온라인 수행평가 자료실에 참고할 수 있는 자료들이 많고, 1~3권까지 단계별로 활용할 수 있습니다.

Slow and Steady Wins the Race.
(천천히 꾸준히 하면 이깁니다.)

초등학교 5학년 때, 교회에서 외국인 친구를 알게 되었습니다. 집으로 초대를 하고 싶었는데, 당시 말문이 전혀 트이지 않아 제 마음을 전하지 못했어요. 그래서 초대장을 써야겠다고 생각했지요. 집에 와서 평소에 잘 보지 않던 사전을 열심히 찾아 영어 초대장을 썼어요. 아주 어색한 표현으로 쓴 글이었지만, 며칠 뒤 그 친구가 정말로 집에 놀러 왔어요. 함께 김밥과 떡볶이를 만들면서 놀았던 기억이 납니다.

외국인과 영어로 친구가 될 수 있다는 것이 재밌고 신기했습니다. 그 친구와 펜팔을 시작했어요. 일주일에 한 번 만날 수 있었기 때문에,

귀여운 노트를 사서 반짝이는 펜으로 꾸며가면서 영어 편지를 썼지요. 당시 시시콜콜하게 쓰고 싶은 말은 참 많은데, 어떻게 표현해야 할지를 몰라 아주 답답했어요. 그래서인지 언젠가는 나도 영어를 술술 잘 써야겠다는 마음을 품었습니다.

중고등학생이 되어서는 학교 시험 위주로 공부를 했기에, 영어 교과서를 열심히 읽고 썼어요. 처음에는 본문을 여러 가지 색깔의 볼펜으로 표시해가면서 베껴 썼어요. 그리고 음원을 틀어놓고 받아 적어보고, 한글 해석만 보고 영작해보고, 나중에는 빈 종이를 두고 생각나는 대로 쭉 써 내려갔습니다. 사실 그때는 학생이었고 전문적인 학습 방법을 생각했던 것은 아니었어요. 그저 다양한 방법으로 영어 공부를 시도해본 것이었습니다. 그런데 결국 읽고 쓰고, 듣고 쓰고, 말하면서 썼으니, 4대 영역을 모두 골고루 학습하게 된 것이었지요.

고등학생 3학년이 되어, 수능시험 대신 영어논술을 볼 수 있는 입학전형에 응시했어요. 평소에 관심 있던 '문화적 상대성'이라는 주제가 시험 문제로 나와서 열심히 영어로 글을 썼습니다. 당시 저는 외국에 살다 온 것도 아니었고, 영어 특기자도 아닌 한국식 영어로 공부한 평범한 학생이었어요. 영어 교과서 수준 정도의 어휘와 문장으로 글을 썼는데도 운 좋게 합격할 수 있었습니다. 사실 당시 수학 점수가 계속 잘 나오지 않았어요. 그래서 수능으로 서울권 대학교에 가기는 힘들 것 같다고 예상했었거든요. 그러니 영어로 열심히 글을 썼던 노력이 결국 저를 구해준 것입니다.

입시지옥에서 벗어난 해방감도 잠시였습니다. 대학교에 입학하니 영어로 들어야 하는 수업이 많았어요. 입학하자마자 첫 과제를 영어 에세이로 제출해야 했습니다. 중간고사와 기말고사도 모두 해당 과목의 영어 에세이로 평가받았습니다. 영어 글쓰기 실력의 부족함을 느껴서 영어학과 글쓰기 전공 수업을 학기마다 따로 들었어요.

미국에서 소설가로 활동하는 교수님을 만나 영미 소설과 시를 접했어요. 영어책에서 나오는 좋은 표현들을 수집했다가 응용해서 글을 써보는 훈련을 했어요. 그 덕분에 영어 글쓰기가 얼마나 재밌고 아름다운 창작 활동인지를 경험할 수 있었어요. 지금도 영어책을 읽으면 멋진 문장을 적어두는 습관이 남아 있어요.

또한, 대학생 때 가장 기억에 남는 것이 동남아시아 국가연합인 아세안국가 친구들과의 국제교류 활동이었는데, 이때도 역시 선발 과정에서 영어 글쓰기 평가가 있었습니다. 10일이라는 긴 시간 동안 다 같이 함께 토론하고 수업도 듣고 여행하는 잊지 못할 추억을 만들었습니다. 대학 생활에서 영어 글쓰기는 제게 필수 생존 기술이자 다양한 기회를 열어주는 관문이 되기도 했습니다.

외국에 있는 대학원에 지원서를 낼 때도 지원동기와 제 소개를 담아 영어로 글을 써야 했습니다. 그리고 공부하면서는 읽고 토론하고 생각을 정리해서 쓰고의 끝없는 반복이었습니다. 졸업할 때쯤 되어서는 논문을 써야 했어요. 논문 심사를 가까스로 통과한 후 프랑스 현지에서 취업을 위해 입사지원서를 쓸 때도 마찬가지였어요. 제 이력을 담은 CV(영문 이력서)와 Motivation Letter(영문 자기소개서)를 써서 지원해야 했지요. 그리고 회사에서 일할 때도 주로 영어로 이메일을 쓰고 문서로 써서 커뮤니케이션을 했습니다. 오히려 살아오면서 영어 글쓰기를 활용하지 않았던 순간이 얼마나 있었을까 생각하게 됩니다.

저는 외국어를 좋아했고, 외국어를 전공했고, 외국어와 관련된 일들을 주로 해왔습니다. 그래서 일반적인 상황보다는 영어 글쓰기와 인연이 조금 더 있었던 것이라 할 수도 있습니다. 하지만 앞으로 살아갈 우리 아이들의 시대에는 영어로 글을 써야 하는 순간들이 훨씬 더 많을 것입니다.

먼저, 외국에서 공부하고 일을 할 기회가 더 많아지고 있습니다. 또한, 코로나로 인해 전 세계적으로 언택트 시대가 열렸습니다. 비대면으로 일을 할 때는 주로 이메일이나 문서를 교환하면서 일을 하므로, 글쓰기의 중요성이 점점 더 커지고 있지요. 게다가, 메타버스 시대가 도래했습니다. 가상공간에서 자신만의 콘텐츠를 만들고 표현하고 창조하는 능력이 매우 중요하다고 할 수 있어요. 그래서 이야기를 만들어내고 글을 쓰는 능력이 메타버스 시대의 필수 요소라 불리고 있습니다. 전 세계적으로 활용되는 플랫폼 특성상 분명 영어로 커뮤니케이션이 많이 이루어질 것입니다.

Slow and Steady Wins the Race.
천천히 꾸준히 하면 이긴다.

매사 조바심이 많은 제게 어머니께서 자주 하시던 말씀이에요. 영어 글쓰기는 너무 어려워서 시작할 엄두조차 나지 않는다고 말씀하시는 학부모님들이 많으십니다. 분명 쉽게 뚝딱 이루어질 수는 없지만 올바른 방향으로 꾸준히 노력한다면 분명 이루어낼 수 있습니다. 아주 먼 길도 한 걸음씩 떼다 보면 어느새 꽤 많이 지나온 자신을 발견하게 되는 것처럼 말입니다.

그 작지만 큰 한 걸음 한 걸음에 이 책이 올바른 방향의 길잡이가 되었으면 하는 마음으로 집필했습니다. 초등 영어 글쓰기를 쉽고 재밌게 훈련할 수 있는 단계적인 방법과, 글쓰기 과정에서 창의적인 생각을 끌어내는 비법과, 참고할 수 있는 자료와 정보를 모두 담았습니다. 이 책을 통해 우리 아이들이 영어 글쓰기를 두려워하지 않고 시도해보고, 학부모님이나 선생님들이 실용적으로 도움을 받으시길 바랍니다. 더불어 우리 아이들의 영어 글쓰기 실력이 자라 글로벌 무대에서 풍요롭고 창의적인 삶을 살아가길 간절히 기원해봅니다.

감사의 말

우리 딸은 세상에 도움이 되는 일을 하며 살아갈 것이고, 유용한 책을 많이 쓰는 훌륭한 사람이 될 거라고 말씀해주신 어머니, 감사합니다. 저를 위해 늘 기도해주고 응원해주신 어머니의 사랑을 늘 기억하며 살아가겠습니다. 일에 집중할 수 있게 물심양면으로 애써주는 남편과 아버지, 고맙고 사랑합니다. 소중한 조카 하준이, 언니, 형부 모두 고마워요.

글쓰기를 주저했던 세게 용기를 주시고, 원고를 쓰는 내내 칭찬과 격려를 아끼지 않고 보내주신 빅피시 출판사에 감사의 마음을 전합니다.

마지막으로 〈릴리TV〉를 시청해주시는 구독자분들께 진심으로 감사드립니다.

2022년 5월 장소미 드림

참고도서

《Teaching Writing in Kindergarten》, Randee Bergen, Scholoastic

《The Writing Strategies Book》, Jennifer Serravallo, Heinemann

《How to Write English Paragraph and Essay》, 김문수, 신아사

《파는 것이 인간이다》, 다니엘 핑크, 청림출판

《창의력 영어》, 이상민, 종이와나무

《창의성이 없는 게 아니라 꺼내지 못하는 것입니다》, 김경일, 샘터

《영어독서코칭 입문》, 이기택 외 공저, 형설미래교육원

《초등학생을 위한 150년 하버드 글쓰기 비법》, 송숙희, 유노라이프

《나는 더 영어답게 말하고 싶다, 문장만들기 편》, 장승진 외 공저, 프랙티쿠스

참고논문

장은정, 김혜리, 〈그림책 활용 초등영어 수업에서 모바일 앱 기반 쓰기 지도에 대한 연구〉, 국내석사학위논문, 서울교육대학교 교육대학원, 2020

조윤정, 김혜리, 〈패턴북 활용 초등영어 소집단 협동 쓰기 지도에 대한 연구〉, 국내석사학위논문, 서울교육대학교 교육대학원, 2020

부록

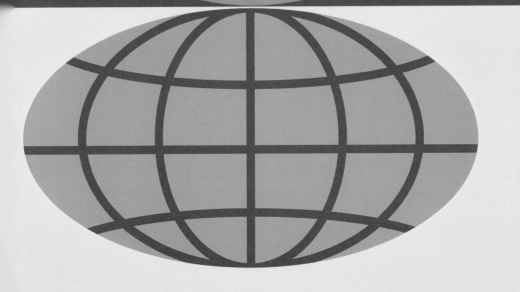

국제바칼로레아(IB)의 영어 글쓰기

국제바칼로레아(International Baccalaureate, IB) 프로그램은 스위스 제네바의 국제 학위협회(IBO)가 인증하여 전 세계적으로 인정받고 있는 공신력 있는 교육프로그램입니다. IB는 단편적인 지식을 평가하는 것이 아니라 어떠한 사물이나 현상에 대해 깊이 있게 생각하는 힘을 평가한다는 것이 가장 큰 특징입니다.

왜 IB 교육이 우리나라에서 연일 화두가 되고 있을까요? 입시의 변별력, 형평성도 중요하지만, 더 근본적으로 교육의 본질과 목적을 생각해야 하기 때문입니다. 좀 더 구체적으로 보자면, '어떻게 교육해야 우리 아이들을 국제적 경쟁력을 가진 인재로 키울 수 있을 것인가?' '어떻게 우리 아이들에게 변화에 기민하게 적응하고 새롭게 생겨나는 여러 문제를 해결할 수 있는 역량을 길러줄 수 있을 것인가?'와 같은 질문들입니다. 교육제도를 단기간에 바꾸는 것은 어렵지만, 일부 공립 학교에서라도 IB를 도입해서 한국 교육에 변화를 시도해보자는 것이 교육계의 움직임입니다.

미래사회에 필요한 실질적 역량을 길러주기 위해서는 지식을 단순히 머릿속에 넣고 외우는 차원을 넘어서야 합니다. 배운 지식과 경험한 것을 토대로 깊이 있게 생각해보고 그것들을 꺼내어 새롭고 가치 있는 것을 만들어낼 수 있어야 합니다. 더 나아가 창조해낸 것을 다른 사람들에게 전달할 수 있는 능력까지, 즉 창의성이 필요한 시대입니다. 이러한 창의성 함양을 목표로 하는 교육 과정으로서 IB가 주목받고 있는 것입니다. 특히, IB에서는 배운 지식과 경험을 토대로 내 생각을 구조화해서 새로운 글이라는 창작물로 표현하는 글쓰기의 비중이 상당히 높습니다.

그렇다면 IB 교육에서 어떤 종류의 영어 글쓰기를 훈련하고, 평가받는지 몇 가지 예시를 통해 살펴보겠습니다.

IB 초등 과정의 글쓰기 주제 예시
('IB가 추구하는 10가지 인재상' 연계)

얼마 전 IB 초등 과정인 PYP(Primary Years Program) 선생님으로 미국에서 일하고 있는 친구와 이야기를 나누었습니다. 코로나 시대에 특히 PYP 교육이 어떻게 이루어지고 있는지 궁금했어요. 아무래도 학생들이 집에 있는 시간이 많아지다 보니, 주로 글쓰기를 숙제로 많이 내주고 있다고 합니다. 아이들은 자신이 쓴 글을 사진 찍거나, 목소리로 녹음을 하기도 하고 비디오로 녹화하는 등의 다양한 방식으로 제출한다고 합니다.

예를 들어, IB가 추구하는 10가지 인재상에 연결되는 질문에 대해 생각해보고 글을 씁니다. PYP 과정은 만 3살부터 만 12살의 학생들을 위한 프로그램인데, 아래 글쓰기 과제의 경우 만 7살부터 12살까지를 대상으로 진행되었다 하니, 우리나라의 경우 초등학교 1학년에서 6학년에 해당한다고 보시면 됩니다.

1. **탐구하는 사람(Inquirers)** : IB 학습자는 세상에 대한 호기심을 갖고, 주변의 모든 것을 열정적으로 탐구합니다.

1) 어느 날 아침 일어나 찬장에서 옷을 찾다가 서랍에서 외계인을 발견하게 됩니다. 그다음엔 무슨 일이 일어날까요?
2) 인간은 지구를 떠나야 해요! 다음엔 어디로 갈까요? 거기서 무슨 일이 벌어지죠?

3) 어느 날 일어났는데 만진 모든 것이 거품이 된다면 어떨까요?

2. 지식을 갖춘 사람(Knowledgeable) : IB 학습자는 풍부한 지식을 갖춥니다.

1) 당신은 완전히 새로운 도시를 만든 책임이 있습니다. 당신의 도시가 어떤 모습일지 말씀해주십시오.
2) 여러분이 가장 좋아하는 취미가 무엇인지 설명하고 그것에 대한 몇 가지 주요 특징을 공유하여 친구가 여러분이 가장 좋아하는 취미를 시도해볼 수 있도록 도와주는 재미있는 포스터를 만드세요.
3) 만약 세상이 갑자기 무중력 상태가 된다면 어떻게 될까요?

3. 생각하는 사람(Thinkers) : IB 학습자는 사물이나 현상에 대해 깊이 생각합니다.

1) 여러분의 방에 있는 장난감이 살아난다고 상상해보세요. 당신은 무엇을 함께 할 건가요?
2) 당신의 집은 당신이 원하는 어떤 것이라도 만들 수 있습니다. 네, 초콜릿도요. 당신은 무엇으로, 그리고 왜 당신의 집을 만들 건가요? 어떻게 생겼을까요?
3) 만약 당신이 꿈의 집을 지을 수 있다면 어떤 방을 가지고 싶나요?

4. 소통하는 사람(Communicators) : IB 학습자는 여러 가지 언어와 방식으로 자신감 있게 자신을 표현합니다.

1) 여러분은 완전히 새로운 도시를 만들 책임이 있습니다. 여러분이 사는 도시가 무엇인지 말해주세요. 여러분이 좋아하는 만화 캐릭터에게 편지를 쓰세요.
2) 당신이 어떤 감정이든 될 수 있다면 어떤 감정이 되고 싶으세요? 시를 써서 말해주세요!
3) 지구상에서 당신이 첫 번째 사람이에요. 아무도 없어요. 무슨 일을 하세요?

어떻게 의사소통을 시작하나요? 누구랑 이야기하나요?

5. **원칙을 세우고 지키는 사람(Principled)** : IB 학습자는 진실하게 행동하고 자신의 행동에 책임감을 느낍니다.

1) 당신의 원칙에서 가장 친한 친구의 3가지 자질은 무엇입니까?
2) 여러분은 형제들이 방을 나갈 때 항상 전기를 켜둔다는 것을 알아차립니다. 그들에게 전기를 아끼라고 말할 수 있는 재미있는 방법을 생각하고 여러분의 계획을 적어보세요.
3) 당신이 생각하는 정부의 역할은 무엇입니까?

6. **열린 마음을 가진 사람(Open-minded)** : IB 학습자는 자신의 그리고 자신과 다른 전통과 문화를 존중합니다.

1) 당신이 사랑하는 가족의 전통은 무엇입니까? 당신이 하는 모든 일을 묘사하세요. 당신의 친구가 가지고 있는 가족 전통은 무엇입니까? 당신의 것과 어떻게 다르고 어떤 점이 좋습니까?
2) 여러분은 혼자서 다섯 가지 새로운 맛의 아이스크림을 만들 수 있습니다! 그것들은 뭐라고 불리고 그 안에 무엇이 들어갈까요?
3) 분홍색은 파란색이고 파란색은 분홍색이라면 어떨까요?

7. **배려하는 사람(Caring)** : IB 학습자는 우리를 둘러싼 세계와 사람들에게 긍정적인 영향을 주기 위해 행동합니다.

1) 당신과 당신의 친구들이 나무에 올라 놀던 자리에 건물이 지어질 것입니다. 당신의 지역 사람들이 나무를 자르지 않도록 설득하기 위해 편지를 쓰세요.
2) 여러분은 올해 산타와 함께 여러분의 주변에 있는 모든 사람을 위한 선물 목록을 만들 수 있습니다. 누구를 위한 선물과 어떤 선물을 고를 건가요?
3) 만약 당신이 당신 가족의 삶을 더 편하게 할 수 있는 한 가지를 발명할 수

있다면, 당신은 무엇을 만들고 싶나요? 어떻게 작동하죠?

8. 도전하는 사람(Risk-takers) : IB 학습자는 새로운 아이디어를 떠올리고 불확실한 것에도 도전합니다.

1) 어느 날 학교에 가서 모든 사람이 개구리로 변하는 것을 봅니다. 어떻게 그런 일이 일어났고 어떻게 목숨을 구하셨는지 쓰세요.
2) 당신은 호랑이 정글을 담당하고 있고 정글에 밀렵꾼들이 있다는 것을 알게 됩니다. 무엇을 할 수 있을까요?
3) 세상에서 가장 높은 산의 정상에 오르는 것이 어떤 것인지 가장 친한 친구에게 편지를 쓰세요.

9. 균형감 있는 사람(Balanced) : IB 학습자는 지적, 신체적, 감정적 균형의 중요성을 알고 실천합니다.

1) 당신이 갔던 휴가를 기억하시나요? 도시나 이웃에게 도움을 주기 위해 당신이 거기서 본 것은 무엇이었습니까?
2) 당신은 가방에 3가지 물건만 가지고 무인도에 발이 묶인 자신을 발견하게 됩니다. 어떻게 하면 좋겠어요?
3) 부모님이 허락하지 않는 한 가지 일을 하기 위해 부모님을 설득하는 편지를 쓰세요.

10. 성찰하는 사람(Reflective) : IB 학습자는 자기 생각과 경험에 대해 깊이 생각합니다.

1) 여기 감사해야 할 것들이 많이 있습니다! 오늘 여러분이 감사한 10가지와 왜 감사한지에 대한 목록을 만드세요.
2) 매일 당신을 도와주는 가족을 선택하세요. 그들에게 감사하는 카드를 쓰세요!

3) 당신이 가지고 있는 어떤 재능이나 성격이 더 나아질 수 있다면, 그것은 무엇이고 이유는 무엇입니까?

IB 고등 과정의 외국어(영어) 영역 시험지 예시

IB 프로그램은 초등 과정과 중등 과정 그리고 고등 과정인 Diploma Program(DP)으로 이어집니다. 특히, DP의 경우 전 세계 명문대학교 진학을 목표로 하는 만 16세~19세까지를 대상으로 하는 과정입니다. 아래는 DP 학생 중에서도 영어를 모국어가 아닌 외국어로 학습하는 친구들이 보는 영어(외국어) 과목의 시험지입니다. IB 공식 홈페이지에서 실제 외국어 영역 시험 예시를 제공하고 있으며, 그중 일부를 번역하여 소개합니다.

다음 중 하나를 골라 해당 주제에 대한 영어 에세이를 쓰세요. 단, 반드시 수업 시간에 배운 내용을 바탕으로 써야 하며, 다른 주제나 문학 작품은 일부만 참고할 수 있습니다. (시험 시간: 1시간 30분)

1. 언어와 문화
-특정 집단은 특정 언어의 사용을 통해 어떻게 그들의 정체성을 표현합니까?
-시간이 지남에 따라 언어가 변하는 방법에는 어떤 것들이 있나요? 긍정적인 현상일까요? 부정적인 현상일까요?

2. 미디어와 문화
-대중 매체에 의해 어떤 종류의 고정관념이 강화되고 어떻게 강화됩니까? 구체적인 예를 들어 설명해주세요.

-두세 가지 다른 형태의 미디어를 선택하여 각각이 정확하고 효율적으로 정보를 전파할 가능성을 비교하세요.

3. 앞으로 발생할 문제
-당신의 인생에서 보게 될 가장 중요한 미래 변화 두세 가지는 무엇입니까? 그것들이 왜 중요한지 설명하세요.

4. 글로벌 문제
-모든 나라는 자국의 많은 국내 문제를 가지고 있습니다. 총리들과 대통령들이 세계적인 이슈에도 관심을 가지도록 설득하기 위해 어떻게 말하겠습니까?

5. 사회적인 문제
-당신이 생각하기에, 우리가 해결해야 할 가장 중요한 사회적 문제와 그 이유는 무엇입니까?

6. 문학적 질문
-때로는 단순한 오해로 연극이나 소설의 전체 결과가 바뀌기도 합니다. 당신이 공부한 작품 중 적어도 두 편에서 그러한 오해의 영향을 토론하세요.
- 누군가는 과거로부터 결코 벗어날 수 없다고 말할 것입니다. 당신이 공부한 적어도 두 개의 문학작품을 참고하여 이 생각에 대한 의견을 쓰세요.

문법 영역별로 초등학생이
가장 많이 틀리는 영어 문장100

초등학생들의 영어 글쓰기를 지도하다 보면, 실제 글쓰기를 할 때 많은 학생이 공통으로 자주 하는 실수들이 있습니다. 실제 학생들이 쓴 오류 문장을 모아, 문법별로 바른 문장의 예시와 함께 정리했습니다. 표현하려는 문장을 보고 영어로 써본 후 바른 문장의 예시와 비교해보거나, 문법적 오류 문장만 보고 바르게 고쳐본 후에 바른 문장의 예시와 비교해서 확인해보는 방식으로 활용해 볼 수 있습니다.

	문법 영역	표현하려는 문장	문법적 오류 문장 바른 문장 예시
1	Be 동사	나는 화장실에 있다.	Me bathroom. I am in the bathroom.
2		우리 엄마는 집에 안 계신다.	My mom no home. My mom is not at home.
3		너는 주방에 있니?	You are kitchen? Are you in the kitchen?
4		우리 담임 선생님은 천사이다.	My teacher angel. My class teacher is an angel.

5	Be 동사	나는 바보가 아니다.	Me not idiot.
			I am not an idiot.
6		너는 겁쟁이니?	You chicken?
			Are you a chicken?
7		너는 정말 똑똑하다.	You is very smart.
			You are very smart.
8		나는 상처받지 않는다.	Me no hurt.
			I am not hurt.
9		너 화났니?	You angry?
			Are you angry?
10	일반 동사	나는 감기에 걸렸다.	I am a cold.
			I have a cold.
11		우리 아빠는 금요일에 치킨을 드신다.	My father eat chicken on Friday.
			My father eats chicken on Friday.
12		그는 여자친구가 없다.	He has not a girlfriend.
			He doesn't have a girlfriend.
13		너는 액체괴물 있어?	You have a slime?
			Do you have a slime?
14		그는 복습하니?	He review?
			Does he review?
15	Be동사 vs 일반 동사	나는 일요일에 교회에 간다.	I am go to church on Sunday.
			I go to church on Sunday.
16		나는 매운 음식을 안 먹는다.	I am not eat spicy food.
			I don't eat spicy food.
17		너는 게임을 하니?	Are you play game?
			Do you play game?

18	Be동사 vs 일반 동사	나는 지난주에 영화를 보았다.	I was watch a movie last week.
			I watched a movie last week.
19		그녀는 캠핑을 가지 않았다.	She was not go camping.
			She didn't go camping.
20		너는 내 피자를 먹었니?	Were you eat my pizza?
			Did you eat my pizza?
21	명사	나는 지우개가 있다.	I have eraser.
			I have an eraser.
22		나는 친구들이 많다.	I have many friend.
			I have many friends.
23		내가 웃기는 이야기를 해줄게.	I'll tell you funny storys.
			I'll tell you funny stories.
24		우리 선생님은 아이들을 좋아한다.	My teacher likes childs.
			My teacher likes children.
25		그들은 부산에서 왔다.	They are from the Busan.
			They are from Busan.
26		나는 음식이 필요해.	I need foods.
			I need food.
27		사랑은 아름답다.	A love is beautiful.
			Love is beautiful.
28		테이블 위에 치킨이 있어.	Fried chicken on the table.
			There is fried chicken on the table.
29		내 가방에 책이 많다.	Many books in my bag.
			There are many books in my bag.
30	인칭 대명사	소라는 아름답다. 소라는 인기가 많다.	Sora is beautiful. Sora is popular.
			Sora is beautiful. She is popular.

31	인칭 대명사	이것은 그녀의 필통이다.	This is she's pencil case.
			This is her pencil case.
32		이 필통은 내 것이다.	This pencil case is my.
			This pencil case is mine.
33		우리 반 친구들은 그녀를 좋아한다.	My classmates like she.
			My classmates like her.
34	지시 대명사	저것들은 내 장난감들이다.	That are my toys.
			Those are my toys.
35		오늘은 3월 22일이다.	Today March 22.
			It is 22nd March today.
36		오늘은 토요일이다.	Today Saturday.
			It is Saturday today.
37		지금은 저녁 7시다.	Now 7'o clock.
			It is 7 pm now.
38		오늘 날씨가 화창하다.	Today weather sunny.
			It is sunny today.
39		그 빵집까지 30분 걸린다.	30 minutes to the bakery.
			It takes 30 minutes to the bakery.
40	형용사 & 부사	나는 너무 지루하다.	I am so boring.
			I am so bored.
41		나는 초콜렛이 많다.	I have many chocolate.
			I have much chocolate.
42		나는 돈이 조금 있다.	I have little money.
			I have a little money.
43		우리 아빠는 차를 조심히 운전한다.	My father drives careful.
			My father drives carefully.

44	형용사 & 부사	그 버스가 너무 시끄럽다.	The bus is too loudly.
			The bus is too loud.
45		그는 때때로 화가 난다.	He sometimes is angry.
			He is sometimes angry.
46		나는 항상 샌드위치를 먹는다.	I eat always a sandwich.
			I always eat a sandwich.
47	조동사	그녀는 중국어를 말할 수 있다.	She can speaks Chinese.
			She can speak Chinese.
48		너는 행복할 것이다.	You will happy.
			You will be happy.
49		우리는 집에 가는 것이 좋겠다.	We should going home.
			We should go home.
50		너는 지금 가도 좋다.	You go now.
			You may go now.
51		그는 자전거를 못 탄다.	He doesn't ride a bike.
			He can't ride a bike.
52		그는 오늘 학교에 갈 필요가 없다.	He must not go to the school today.
			He doesn't have to go to the school today.
53		저 화장실 가도 돼요?	I go to the toilet, OK?
			Can I go to the toilet?
54	전치사	내 주머니 안에 돈이 있다.	I have money my pocket.
			I have money in my pocket.
55		나는 그녀를 길에서 마주쳤다.	I came across her in the street.
			I came across her on the street.
56		네 뒤에 내가 있다.	I am beside you.
			I am behind you.

57	전치사	우리 가족은 크리스마스 이브에 거기에 간다.	We go there at Christmas Eve.
			We go there on Christmas Eve.
58		크리스마스는 겨울에 있다.	Christmas is at winter.
			Christmas is in winter.
59		이 KTX 기차는 부산행입니다.	This KTX train is to Busan.
			This KTX train is for Busan.
60	미래형	나는 부자가 될 것이다.	I will rich.
			I will be rich.
61		그는 괌에 갈 것이다.	He will goes to Guam.
			He will go to Guam.
62		나는 파자마 파티를 열 계획이다.	I will have a pajama party.
			I am going to have a pajama party.
63		나는 그들과 이야기하지 않을 것이다.	I am going to talk not with them.
			I am not going to talk with them.
64		너는 여자친구 만날 거야?	You will meet your girlfriend?
			Will you meet your girlfriend?
65	진행형	나는 우유를 마시고 있다.	I drinking milk.
			I am drinking milk.
66		엄마, 저는 지금 가고 있어요.	Mom, I am comeing.
			Mom, I am coming.
67		릴리는 인터넷 채팅 중입니다.	Lily is chating on the Internet.
			Lily is chatting on the Internet.
68		그들은 거짓말하고 있습니다.	They are lieing.
			They are lying.
69		저는 영어 공부를 하고 있었습니다.	I studied English.
			I was studying English.

70	진행형	그는 자고 있었습니다.	He were sleeping.
			He was sleeping.
71		너는 지금 나를 놀리고 있니?	You making fun of me?
			Are you making fun of me?
72	비교급 & 최상급	그는 그녀보다 작습니다.	He is short than her.
			He is shorter than her.
73		수학이 영어보다 쉽습니다.	Math is easier than English.
			Math is easier than English.
74		A가 B보다 더 큽니다.	A is biger than B.
			A is bigger than B.
75		내가 너보다 아름답다.	I am beautifuler than you.
			I am more beautiful than you.
76		내 스티커들이 네 것들보다 더 좋다.	My stickers are more good than yours.
			My stickers are better than yours.
77		내가 친구들 중에 제일 똑똑하다.	I am the smartest than my friends.
			I am the smartest among my friends.
78		그는 반에서 가장 인기가 많다.	He is most popular in my class.
			He is the most popular in my class.
79	관사	나는 좋은 생각이 있다.	I have good idea.
			I have a good idea.
80		그 TV 프로그램은 재밌다.	A TV program is interesting.
			The TV program is interesting.
81		나는 추석에 달을 보았다.	I saw a moon on Chusuk.
			I saw the moon on Chusuk.
82		나는 바이올린을 연주할 수 있다.	I can play violin.
			I can play the violin.

83	한정사	우리 반 모든 친구는 그를 좋아해.	Every classmates like him.
			Every classmate likes him.
84		우리 반 모든 친구는 그를 좋아해.	All classmate likes him.
			All classmates like him.
85	접속사	우리는 게임을 하고 그림을 그린다.	We play game and drawing a picture
			We play game and draw a picture.
86		나는 고구마를 먹어서 방귀를 뀌었다.	I farted because ate sweet potato.
			I farted because I ate sweet potato.
87	의문사	누가 너희 엄마니?	Your mother is who?
			Who is your mother?
88		너는 누구 좋아하니?	You like who?
			Who do you like?
89		너의 전화번호가 무엇이니?	Your phone number what?
			What is your phone number?
90		너는 뭘 좋아하니?	What you like?
			What do you like?
91		이 신발 크기가 무엇이니?	These shoes size what?
			What size are these shoes?
92		어린이날이 언제니?	When Children's day?
			When is Children's day?
93		너는 언제 자니?	Go to bed when?
			When do you go to bed?
94		너는 왜 슬프니?	Why you sad?
			Why are you sad?
95		너 내 콜라 왜 마셨니?	Why you drank my cola?
			Why did you drink my cola?

96	의문사	너는 어디에 있니?	You are where?
			Where are you?
97		이거 누구 가방이니?	This bag who?
			Whose bag is it?
98		누구 가방이 좋니?	Do you like who bag?
			Whose bag do you like?
99		네 치킨 국수는 어때?	Your chicken noodle is how?
			How is your chicken noodle?
100		코딱지를 영어로 어떻게 말해요?	'Kottakji' is what English?
			How do you say 'Kottakji' in English?

초등 완성 영어 글쓰기 로드맵

초판 1쇄 인쇄 2022년 4월 22일
초판 1쇄 발행 2022년 5월 10일

지은이 장소미
펴낸이 이경희

펴낸곳 빅피시
출판등록 2021년 4월 6일 제2021-000115호
주소 서울시 마포구 월드컵북로 402, KGIT 16층 1601-1호

ⓒ 장소미, 2022
값 16,800원
ISBN 979-11-91825-36-7 03370